Pohl

Williams/Williams/Arlott
Orchideen Europas

BLV Bestimmungsbücher:

Band 1 Pilze
Band 2 Pflanzenführer
Band 3 Meeresfische
Band 4 Süßwasserfische
Band 5 Aquarienfische
Band 6 Heilpflanzen
Band 7 Steine + Mineralien
Band 8 Sterne + Planeten
Band 9 Tierspuren
Band 10 Pflanzen- und Tierwelt der Alpen
Band 11 Bäume + Sträucher
Band 12 Blumen am Mittelmeer
Band 13 Pflanzen Europas
Band 14 Hunderassen der Welt
Band 15 Insekten + Weichtiere
Band 16 Muscheln + Schnecken
Band 17 Edel- und Schmucksteine
Band 18 Katzenrassen der Welt
Band 19 Säugetiere Afrikas
Band 20 Wetterkunde für alle
Band 21 Die Höhlen Europas
Band 22 Bäume + Sträucher Europas
Band 23 Vögel
Band 24 Pferderassen der Welt
Band 25 Orchideen Europas

und in der Reihe

BLV Naturführer:

Band 1 Tagfalter
Band 2 Nachtfalter
Band 3 Pilze
Band 4 Vögel
Band 5 Alpenblumen
Band 6 Heimische Pflanzen 1
Band 7 Strand + Küste
Band 8 Aquarienfische
Band 9 Mineralien
Band 10 Heimische Pflanzen 2
Band 11 Insekten
Band 12 Säugetiere
Band 13 Fische

BLV Bestimmungsbuch

Orchideen Europas
mit Nordafrika und Kleinasien

466 farbige Abbildungen

John G. Williams
Andrew E. Williams
Text

Norman Arlott
Illustrationen

Übersetzt, bearbeitet und ergänzt von
Dr. Karl Peter Buttler und Dr. Angelika Rommel

BLV Verlagsgesellschaft
München Bern Wien

Für Daphne M. Ball
in Hochachtung, Dankbarkeit und Freundschaft

CIP-Kurztitelaufnahme der Deutschen Bibliothek

Williams, John G.
Orchideen Europas: mit Nordafrika u. Kleinasien /
John G. Williams; Andrew E. Williams, Text.
Norman Arlott, Ill. Übers., bearb. u. erg. von
Karl Peter Buttler u. Angelika Rommel. – 1. Aufl. –
München, Bern, Wien: BLV Verlagsgesellschaft, 1979.
  (BLV Bestimmungsbuch; 25)
  Einheitssacht.: A field guide to the orchids
  of Britain and Europe ⟨dt.⟩
  ISBN 3-405-11901-4

NE: Williams, Andrew E.:; Arlott, Norman:;
Buttler, Karl Peter [Bearb.]

BLV Bestimmungsbuch 25

Titel der englischen Ausgabe:
›A Field Guide to the Orchids
of Britain and Europe‹
erschienen bei William Collins Ltd, London

© Text John G. Williams, Andrew E. Williams
© Zeichnungen Norman Arlott

Designed and produced by London Editions Ltd,
30 Uxbridge Road, London W 12 8ND

© der deutschsprachigen Ausgabe:
BLV Verlagsgesellschaft mbH, München, 1979

Alle Rechte der Vervielfältigung und Verbreitung
einschließlich Film, Funk und Fernsehen sowie
der Fotokopie und des auszugsweisen Nachdrucks
vorbehalten

Zeichnungen auf dem Einband: Claus Caspari

Gesamtherstellung: Mladinska Knjiga, Ljubljana

Printed in Yugoslavia · ISBN 3-405-11901-4

Inhaltsverzeichnis

6 Vorwort

8 Einführung
   Merkmale der Orchideen 9
   Fortpflanzung der Orchideen 9
   Das behandelte Gebiet 10
   Nomenklatur und Taxonomie 10
   Zur Benutzung des Buches 10
   Zur Benutzung der Schlüssel 11

12 Erläuterung der Fachausdrücke

21 Schlüssel zum Bestimmen der Gattungen

24 Abbildungen und Beschreibungen der Orchideen

160 Schlüssel zu den größeren Gattungen
   Cypripedium 160
   Ophrys 160
   Serapias 162
   Himantoglossum 162
   Orchis 163
   Dactylorhiza 165
   Platanthera 167
   Cephalanthera 168
   Epipactis 168

170 Register
   Deutsche Namen 170
   Botanische Namen 171

Vorwort

Viele von uns werden mit Überraschung hören, daß die Orchideen die zweitgrößte Familie des Pflanzenreiches sind und, je nach der zitierten Fachautorität, zwischen 15 000 und 35 000 Arten zählen. Trotzdem sind sie keineswegs alltäglich. Sie sind von einem Mythos umgeben, der bei keiner anderen Pflanzenfamilie größer ist. Ihre Farbenpracht und ihre bizarre Gestalt betören das Auge; ihre merkwürdigen Anpassungen an die Umwelt wecken unser Interesse.

Die meisten Leute denken bei Orchideen hauptsächlich an Formen wie Cattleyen, Cymbidien und andere schmuckvolle Blumen aus dem Gewächshaus. Ihnen ist nicht bewußt, daß einige Arten so klein und unscheinbar sind, daß sie nur der Aufmerksamkeit des Botanikers nicht entgehen. Orchideen findet man auf allen Kontinenten außer der Antarktis. Lediglich in der Polregion fehlend, haben sie sich fast an jede Umwelt angepaßt. Sie wachsen in heißen und feuchten Dschungeln ebenso wie in ausgedörrten Wüsten und kalten Tundren, auf Meereshöhe ebenso wie oberhalb der Baumgrenze in den höheren Gebirgen.

Viele der tropischen Orchideen sind Epiphyten und verankern sich auf den Stämmen und Ästen der Waldbäume, wo sie viele ihrer Nährstoffe der feuchten Luft entnehmen. Die der gemäßigten Breiten – wie jene, die in diesem Buch behandelt werden – leben terrestrisch.

Eine Orchidee vermag bis zu 3 Millionen winzigster Samen auszustreuen, die wie Staub vom Wind verweht werden. Um keimen und wachsen zu können, muß die junge Pflanze eine enge Partnerschaft mit Pilzen eingehen; die Pilze in den Wurzeln machen es ihr möglich, aus dem sich zersetzenden Material des Bodens Nahrung aufzunehmen. 2 bis 4 Jahre lang kann eine terrestrische Orchidee als blattloser unterirdischer Sproß ausharren, bevor sie das Tageslicht erblickt. Einige Arten wie etwa das Zweiblatt brauchen nochmals 10 Jahre, bis sie blühen.

Obwohl einige Arten so gebaut sind, daß sie sich regelmäßig selbst bestäuben, verlassen sich die meisten Orchideen auf ihre »verführerisch« gefärbten Lippen, um Insekten anzulocken, die die Bestäubung vornehmen. Die Ragwurz-Arten und gewisse tropische Orchideen besitzen Lippen, die in Form und Duft bestimmte Bienen oder Wespen nachahmen und männliche Tiere dieser Insekten stimulieren, eine sexuelle Vereinigung mit ihnen zu versuchen. Während dieser Pseudokopulation wird der Pollen zur Narbe der Pflanze übertragen und der Fortpflanzungszyklus ausgelöst. Die Variationen zu diesem Thema sind zahlreich. Bei den meisten Orchideen allerdings beruht die Anziehungskraft der Blüten für die Insekten nicht auf sexueller Stimulation, sondern auf Nahrungsangebot. Man macht sich Gedanken über die Evolutionsprozesse, durch welche die Bestäubung so kompliziert und spezialisiert geworden ist. Ein extremes Beispiel ist eine Orchidee auf Madagaskar, die einen so langen Nektarsporn hat, daß nur eine einzige Insektenart in ihn eindringen kann und so die Bestäubung vornimmt, eine Motte mit einem Rüssel von über 30 cm Länge.

Diese eigenartigen Anpassungen interessierten Charles Darwin, der sich schon mit dem Ursprung der Arten durch natürliche Zuchtwahl auseinandergesetzt hatte. 1862 veröffentlichte er ein Buch mit dem Titel »Ueber die Einrichtungen zur Befruchtung britischer und ausländischer Orchideen durch Insecten, und über die günstigen Erfolge der Wechselbefruchtung«, ein Werk, das 1877 mit vielen zusätzlichen Details neu herausgegeben wurde.

Ein Wort zum Schutz dieser gefährdeten Pflanzen ist am Platze. Es ist kein Bedarf mehr vorhanden, Orchideen als Belegexemplare zu sammeln und zu pressen, weder in Europa noch in Nordamerika. Ein gutes Farbfoto der lebenden Pflanze ist tatsächlich sehr viel befriedigender; dafür braucht man weniger Raum und man hat viel länger Freude daran. Solche Fotos können am Standort aufgenommen werden. In der heutigen Welt können nur wenige Orchideenarten die Verluste durch Botanisiertrommel und Pflanzenpresse verkraften. Man sollte sie lang und mit Gefallen betrachten, vielleicht fotografieren, und sie dann lassen, wo sie wachsen.

John Williams, den Senior unter den Autoren dieses Buches, könnte man selbst als »Rarität« bezeichnen. Als wahrer Naturfreund der alten Schule ist er nicht nur Ornithologe, Entomologe oder Botaniker, sondern die Summe von allen dreien und noch mehr. Er nimmt die gesamte Umwelt mit offenen Augen wahr und kennt ihre verschiedenen Komponenten genau. Sein Sohn Andrew ist in seine Fußstapfen getreten. Als Mitautor dieses Buches hat er das Material vermehrt, das von seinem Vater über Jahre gesammelt worden war.

Beim Betrachten der schönen Illustrationen von Norman Arlott werde ich an Sommertage im Süden von Spanien erinnert, an Inseln in der Ostsee, an Wälder auf Kreta, Moore in Schottland und andere zauberhafte Orte, wo ich Orchideen gefunden habe, die ich nicht kannte, und wo ein Bestimmungsbuch wie dieses mir zu den Namen verholfen hätte.

Roger Tory Petersen

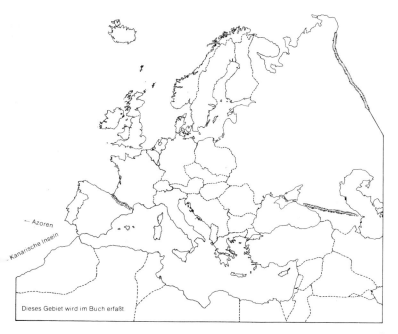

Einführung

Es kann nur wenig Zweifel geben, daß sich von allen europäischen Pflanzen nur wenige mit den einheimischen Orchideen messen können, was Schönheit und Vielgestaltigkeit in Form und Farbe angeht. Und welch abenteuerliche Reisen muß man unternehmen, will man nach einigen der selteneren Arten suchen. Dies alles hat den Orchideen einen besonderen Reiz gegeben. Seltene und prächtige Arten wachsen oft in Gegenden von großer natürlicher Schönheit, die abgelegen und schwer erreichbar sind. Dennoch ist es unendlich lohnend, sich auf die Suche nach solchen Kostbarkeiten zu machen; es ist dies in der Tat eine wahre Schatzsuche.

Jeder, der sich zu einer »Orchideen-Odyssee« aufmacht, wird mit unvergeßlichen Erinnerungen heimkehren. Ich kann mich gut an meine eigenen Gefühle von Ehrfurcht und Freude erinnern, als ich meine erste Norne fand, die zwischen feuchtem Moos und der Nadelstreu eines Waldes weit im Norden blühte; und als ich zwischen den Tempeln des antiken Griechenland, die ich wenig beachtete, meine erste Ragwurz entdeckte – welch unerwartete Schönheit! Selbst das Waten im eiskalten Torfmoor bei der Suche nach dem zarten, versteckten Glanzkraut hatte seine erfreulichen Seiten. Viele Menschen haben wohl ähnlich glückliche Stunden erlebt.

Eigenartigerweise wurde trotz des weiten Interesses an dieser Pflanzenfamilie bis jetzt kaum ein ausreichend illustriertes und umfassendes Buch über die europäischen Orchideen herausgegeben. Diese Lücke zu füllen, ist Zweck des Buches.

Die Idee zu dem Buch kam mir erstmals vor vielen Jahren, als mich der Dienst in der Royal Air Force in viele orchideenreiche Gegenden im Nahen Osten und in verschiedenen Ländern des Mittelmeergebietes führte. Damals begann ich, von den Orchideen, die ich fand, eine Sammlung von Zeichnungen und Farbskizzen anzulegen. In späteren Jahren kam weiteres Material durch meinen Sohn Andrew hinzu, der Mitautor des Buches ist. Dank schulde ich dem Künstler Norman Arlott, der die Originalentwürfe in botanische Zeichnungen von großer Schönheit und Genauigkeit übertragen hat.

Es ist mir eine Freude, den vielen Personen, die mir geholfen haben, zu danken. Besonders möchte ich nennen Professor Ake Holm und seine Kollegen am Zoologischen Institut, Uppsala, Schweden; Dr. Roger M. Polhill und Dr. Granville Lucas vom Kew Herbarium, England; Dr. Bertil Kullenberg, Bengt Jacobsson und Rudi Jelinek (Schweden); Dr. Dieter Kock vom Natur-Museum Senckenberg, Frankfurt, Deutschland; Dr. J. B. Gillet vom Ostafrikanischen Herbarium, Nairobi, Kenia; Dr. A. C. van Bruggen von der Universität Leiden, Holland, und Dr. Stella Rogers von der Universität London, England; Dr. Kjell Gustafsson (Schweden). Ganz besonderen Dank schulde ich Jeffrey Wood für die genaue Durchsicht der Tafeln und der Nomenklatur, außerdem Peter Taylor und Dr. Phillip Cribb, alle von den Royal Botanic Gardens, Kew, England. Ebenfalls danken möchte ich Daphne M. Ball, Morna Hale, Richard Daniel, Basil Parsons, Eric Hosking, Robert Gillmor, W. D. Just und dem Ehepaar Frewin, die mir alle in verschiedenen Dingen behilflich waren. Dankbar bin ich auch meinem Verleger London Editions Ltd, im besonderen Hugh Begg und Robin Wright für ihren hilfreichen Rat, Enthusiasmus und ihre Gefälligkeit. Ebenfalls gedenken möchte ich meiner ehemaligen Kollegen der Air Force für ihre Toleranz, die sie meinen Neigungen für Vögel, Käfer und Botanik entgegengebracht haben, trotz ihrer oft unfeinen Kommentare.
John G. Williams

Merkmale der Orchideen

Die Orchideen gehören innerhalb der Blütenpflanzen zur großen Gruppe der Einkeimblättrigen (Monokotyledonen), deren Pflanzen bei der Samenkeimung nur ein Keimblatt besitzen. Im Gegensatz dazu haben die Pflanzen der Zweikeimblättrigen (Dikotyledonen) zwei solche Keimblätter. Zu den Einkeimblättrigen gehören außerdem Familien wie die Liliengewächse, Irisgewächse und andere mit dekorativen Blüten, aber auch die Gräser und Palmen.

Die Orchideenblüte kann an der Zahl und Anordnung ihrer Perianthblätter erkannt werden. Die 3 gleich gestalteten äußeren werden Sepalen (Kelchblätter) genannt, die 3 inneren Petalen (Kronblätter). Das mittlere Petalum, die Lippe oder das Labellum, ist oft größer als die beiden seitlichen Petalen und anders gestaltet sowie auffälliger gefärbt. Viele Orchideen besitzen einen hohlen, mit Nektar gefüllten Sporn am Grund der Lippe. Aus dem Zentrum der Blüte steht ein massives Gebilde hervor, die Säule, in der die männlichen und weiblichen Fortpflanzungsorgane vereint sind. An oder nahe der Spitze der Säule liegt der männliche Teil, die Antheren. Sie enthalten die Pollenkörner, die normalerweise zu 2 oder 4 Paketen, den Pollinien, verklebt sind. Unterhalb der Antheren ist der weibliche Teil der Säule, die Narbe (das Stigma), eine flache und oft klebrige Fläche, an der die Pollenpakete bei der Bestäubung hängenbleiben. Bei vielen Orchideen findet sich zwischen Antheren und Narbe ein Gewebe, das Rostellum genannt wird; es dient dazu, Selbstbestäubung zu verhindern, also die Pollinien nicht auf die Narbe derselben Blüte gelangen zu lassen. Unterhalb der Perianthblätter steht der Fruchtknoten mit unzähligen winzigen Samenanlagen im Innern, die sich nach der Befruchtung zu extrem kleinen Samen entwickeln. Der Fruchtknoten selbst wächst zu einer eiförmigen oder zylindrischen Kapsel heran.

Die Säule und das umgewandelte mittlere Petalum, die Lippe, unterscheiden eine Orchideenblüte von allen anderen Blüten. Ein Merkmal, das die Orchideen mit den anderen Einkeimblättrigen teilen, ist die parallele Nervatur der Blätter.

Fortpflanzung der Orchideen

Die einheimischen Orchideen haben hauptsächlich zwei Methoden der Arterhaltung entwickelt: Vermehrung mittels Knollen oder Rhizomen und Fortpflanzung mittels Samen. Eine weitere Methode findet sich bei der Weichwurz *(Hammarbya)*; sie bildet an der Spitze der Blätter kleine Fortsätze, sogenannte Bulbillen, die abbrechen und zu neuen Pflanzen auswachsen.

Die meisten Orchideen sind bei der Bestäubung ihrer Blüten auf Insekten, besonders Hautflügler und Schmetterlinge, angewiesen. Wenn ein Insekt auf der Suche nach Nektar eine Blüte besucht, kommt es in Berührung mit dem Viszidium, einer klebrigen Scheibe, die mit den Pollenpaketen, den Pollinien, über Stiele verbunden ist. Das Viszidium bleibt am Insekt kleben, zusammen mit den Pollinien, die dann zu einer anderen Blüte getragen werden. Auf diese Weise wird Fremdbestäubung erreicht.

Einige wenige Orchideen, namentlich solche der Gattung *Epipactis*, werden regelmäßig selbstbestäubt. Die hervorstehenden Pollinien zerfallen und die Pollenkörner gelangen auf die Narbe derselben Blüte. Selbstbestäubung kann aber auch bei verschiedenen anderen, normalerweise von Insekten bestäubten Orchideen vorkommen, etwa bei manchen Arten der Gattung *Ophrys*. Wenn eine Blüte nicht von einem Insekt besucht worden ist, dann schrumpft der Stiel der Pollinien beim Verblühen der Blüte und zieht die Pollenpakete aus den Antheren heraus, so daß diese nach vorn über die Narbe hängen. Ein Windstoß genügt dann, die Pollinien in Kontakt mit der Narbe zu bringen und eine Selbstbestäubung zu bewirken.

Das behandelte Gebiet

Dieses Buch bringt Beschreibungen und Abbildungen von allen europäischen Orchideenarten sowie vielen der Unterarten und Varianten. Ferner sind die Orchideen der afrikanischen und asiatischen Randgebiete des Mittelmeeres ostwärts bis zum Kaukasus sowie der atlantischen Inseln Madeira, der Azoren und Kanaren erfaßt.

Nomenklatur und Taxonomie

Nomenklatur und Taxonomie des Buches folgen in den Grundzügen dem 5. Band der Flora Europaea. Es ist anzunehmen, daß die Zukunft eine Reihe von Revisionen und Neubearbeitungen bringen wird, besonders bei den schwierigen Gattungen wie *Ophrys* und *Dactylorhiza*. Manche der heute als Unterarten bewerteten Populationen werden später vielleicht den Rang von Arten erhalten, manche der Varianten den Rang von Unterarten. Das aber ist eher die Aufgabe der professionellen Taxonomen als die der Amateure und Naturfreunde, die ihre Freude mehr beim Suchen, Finden und Genießen der so schönen Orchideen haben werden.

Ein besonderes taxonomisches Problem sind jene vielgestaltigen Arten, die in eine Vielzahl von Unterarten, Varietäten und Formen aufgesplittert worden sind. So vorzugehen, hat wenig Sinn, weil dann die Namensgebung Gefahr läuft, zum Selbstzweck zu werden. Die botanische Forschung versucht heute, die Gesamtvariabilität einer Art zu erfassen und zu beschreiben, also zu einem biologischen Verständnis zu gelangen, wobei ein starres System von hierarchischen Namen nur hinderlich wäre. In diesem Buch wird daher als einzige Rangstufe unterhalb der Art nur die Unterart mit einem wissenschaftlichen Namen versehen (subsp. . . .). Alle unbedeutenden Abänderungen werden als Varianten behandelt; sie werden zwar mit ihren wissenschaftlichen Namen erwähnt, doch wird im Text auf ihren zweifelhaften Wert hingewiesen. In den Bildlegenden sind ihre Namen deshalb in Anführungszeichen gesetzt. Solche Varianten sind z. B. abweichende Einzelpflanzen oder unbedeutende lokale Rassen.

Zur Benutzung des Buches

Durch die Anlage des Buches soll es auch dem Ungeübten ermöglicht werden, ohne zu große Mühe zum Namen einer Pflanze zu finden. Je nach Vorliebe und Kenntnisstand kann der Benutzer entweder mehr den Bild- und Textteil oder mehr den Schlüsselteil zu Hilfe nehmen. Ein Schlüssel, der zu den einzelnen Gattungen führt, befindet sich am Anfang des Buches (S. 21), zu den Arten führende Schlüssel für die größeren Gattungen befinden sich am Ende (ab S. 160).

Im Interesse des Naturschutzes kann nicht genug betont werden, daß das Buch am Standort benutzt werden soll, um eine Pflanze zu identifizieren. Pflücken Sie keine Orchidee und graben Sie sie nicht aus, um sie zu Hause zu bestimmen. Wenn Sie einen Beleg dokumentieren möchten, so benutzen Sie eine Kamera. Nur so werden

Sie längere Freude an den schönen Farben und Formen haben, denn gepreßte Exemplare werden braun und unansehnlich. Denken Sie daran, daß die Zukunft vieler unserer selteneren Orchideen ungewiß ist, besonders in Mitteleuropa. Die Standorte werden mehr und mehr überbaut oder anders genutzt, Moore und Sümpfe werden trockengelegt und Wälder abgeholzt. Bitte tragen Sie nicht durch gedankenloses Pflücken und Ausgraben zur Ausrottung bei.

Zur Benutzung der Schlüssel

Bestimmungsschlüssel sind nicht narrensicher. Dies gilt besonders für die Familie der Orchideengewächse, wo die Artgrenzen vielfach unklar sind und Hybriden zwischen verschiedenen Arten oder sogar zwischen verschiedenen Gattungen häufig auftreten. Dadurch wird die exakte Bestimmung einer einzelnen Pflanze selbst für den erfahrenen Orchideenkenner oft sehr schwierig. Weiter erschwerend kommt hinzu, daß sich die Taxonomen nicht immer einig sind über die Abgrenzung und Benennung der Gattungen und Arten. Wie dem auch sei, der Schlüssel auf Seite 21 soll für den Leser eine praktische Hilfe sein, bereits im Gelände zur richtigen Gattung zu finden. Für die großen Gattungen, die im Bildteil mehr als eine Seite einnehmen, gibt es außerdem ab S. 160 weitere Schlüssel, die zu den Arten führen.

Der Gebrauch einer Lupe ist manchmal notwendig, da einige der Eigenschaften, nach denen beim Bestimmen gefragt wird, sich mit bloßem Auge nicht erkennen lassen. Unterirdische Pflanzenteile werden in den Schlüsseln bewußt nicht berücksichtigt, obwohl sie vielfach charakteristische Merkmale liefern. Pflanzen brauchen daher in keinem Fall ausgegraben oder ausgerissen zu werden. Der Anfänger wird vielleicht mit den Schlüsseln etwas Mühe haben, wenn er noch keine botanischen Grundkenntnisse besitzt. Hier sei auf die Erläuterung der Fachausdrücke hingewiesen.

Kurz gesagt, die Schlüssel funktionieren wie Filter. Bei **1** beginnend entscheidet sich der Benutzer, welche der beiden Möglichkeiten für sein Exemplar am ehesten zutrifft, und geht dann zu der Stelle im Schlüssel weiter, die durch die Zahl rechts außen angegeben wird. Auf diese Weise wird er zum Namen einer Gattung oder Art gelangen, und er kann die Bestimmung dann im Hauptteil des Buches anhand von Abbildung und Beschreibung überprüfen.

Erläuterung der Fachausdrücke

Ähre Unverzweigter → Blütenstand mit ungestielten Blüten.
Albino Pflanze, der die normalen Farbpigmente fehlen; z. B. weißblütige Exemplare, die bei fast allen Orchideen auftreten.
allseitswendig Blüten oder Blätter vom → Stengel nach allen Seiten abstehend.
alpin 1. Höhenstufe der Gebirge oberhalb der Baumgrenze, umfaßt die verschiedenen Vegetationseinheiten des Hochgebirges, z. B. Rasen, Gesteinsfluren und Felsspalten; 2. in den Alpen vorkommend.
amphiatlantisch Zu beiden Seiten des Atlantik vorkommend.
Androklinium → Klinandrium
Anhängsel Fortsatz am vorderen Ende der → Lippe.
Anthere (1) → Staubblatt
Areal = Verbreitungsgebiet
Arealkunde Die vergleichende Arealkunde (Chorologie) untersucht die Verbreitung der Pflanzenarten und deren Ursachen. Gebiete mit einer bestimmten, charakteristischen Artenkombination (Flora) werden allgemein als Florengebiete bezeichnet. Diese Gebiete haben unterschiedliche Größe; in räumlicher Abstufung unterscheidet man beginnend mit dem größten Gebiet: [Floren-]Reich, Region (z. B. → Makaronesisch- → Mediterrane R.), Unterregion (z. B. Mediterrane U.), Provinz (z. B. Sizilische P., Ägäische P.), Unterprovinz, Bezirk.
arktisch → Zone
Art Lateinisch: species (spec.); eine taxonomische Einheit, für die es trotz ihrer grundlegenden Bedeutung keine allgemein anerkannte Definition gibt. Zu einer Art werden normalerweise alle → Populationen vereinigt, die morphologische, pflanzengeographische, ökologische und genetische Übereinstimmungen zeigen. Eine Art, die eine dynamische Abstammungsgemeinschaft im Evolutionsprozeß darstellt, ist von allen anderen Arten durch deutliche Klüfte getrennt. → Taxonomie
atlantisch Im Zusammenhang mit dem Verbreitungsgebiet: Pflanze in den Küstengebieten Westeuropas vorkommend.
ausdauernd Pflanze lebt länger als 2 Jahre und blüht normalerweise jedes Jahr (alle europäischen Orchideen).

ausgerandet An der Spitze mit einer runden Einbuchtung.
Ausläufer Unter- oder oberirdische (kriechende) → Sprosse, die der vegetativen Vermehrung dienen.

basal Am Grund, grundständig.
Bastard = Hybride; Pflanze, die aus der Kreuzung zwischen 2 verschiedenen → Sippen hervorgegangen ist.
Befruchtung Vereinigung der weiblichen mit der männlichen Keimzelle
Bestäubung Übertragung des → Pollens auf die → Narbe; häufiger ist die Fremdbestäubung, wobei der Pollen der einen Pflanze auf die Narbe einer anderen Pflanze übertragen wird; bei Selbstbestäubung gelangt der Pollen vom Staubblatt zur Narbe derselben Pflanze.
Blattachsel Der obere Winkel zwischen Blatt(stiel) und → Stengel.
Blattscheide Der untere Teil des Blattes (Unterblatt), der den → Stengel röhrig umschließt.
bi- Vorsilbe mit der Bedeutung »zwei« oder »doppelt«.

blumenblattartig Einem gefärbten Kronblatt (→ Petalum) in Struktur und Aussehen ähnlich.
Blütenstand = Infloreszenz; der Blüten tragende Teil einer Pflanze.
boreal → Zone
Bulbillen (2) Kleine zwiebelähnliche Gebilde an Blatt oder → Stengel, die abbrechen und zu neuen Pflanzen auswachsen.
Bursikel (3) Beutelförmige Schutzhülle um das → Viszidium.

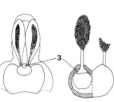

Chlorophyll Grüner Pflanzenfarbstoff, der zur Photosynthese nötig ist.

disjunkt Unterbrochen, z. B. bei Verbreitungsgebieten.
distal Am entfernten Ende (Gegensatz von proximal).
distich → zweizeilig
dorsal Die Rückenseite betreffend.

eiförmig Blattform: an beiden Enden abgerundet, größte Breite im unteren Teil.
einseitswendig Blüten oder Blätter vom → Stengel nach einer Seite abstehend.
elliptisch Blattform: an beiden Enden abgerundet, größte Breite in der Mitte.
endemisch Auf ein bestimmtes Verbreitungsgebiet beschränkt.

Epichil (4) Vorderer Teil der → Lippe bei *Epipactis* und *Cephalanthera*, deren Lippe durch 2 seitliche Einschnitte geteilt ist.
epiphytisch Auf anderen Pflanzen wachsend (aber nicht → parasitierend).
euxinisch Im Küstengebiet des Schwarzen Meeres vorkommend.

fertil = fruchtbar
Filament → Staubblatt
fingerförmig Mit tiefen Einschnitten, die Abschnitte wie die Finger einer Hand spreizend.
Florengebiet → Arealkunde
Florenprovinz → Arealkunde
Form Lateinisch: forma (f.); eine taxonomische Einheit, die für unbedeutende Abänderungen benutzt wird. Als Form werden meist abweichende Einzelpflanzen bezeichnet. → Taxonomie.
Fremdbestäubung → Bestäubung
Fruchtblatt = Karpell; spezielles, zur Produktion von Samenanlagen umgebildetes schlauchförmiges Blatt in der Blüte.
Fruchtknoten (6) Lateinisch: Ovarium; Teil der Blüte, der die Samenanlagen enthält; entwickelt sich bei der Reife zur Frucht. Der Fruchtknoten der Orchideen besteht aus 3 miteinander verwachsenen → Fruchtblättern; die reife Frucht ist eine → Kapsel.

Gattung Lateinisch: genus; eine taxonomische Einheit, zu der nah verwandte → Arten zusammengefaßt werden. → Taxonomie
gekielt Mit einer erhabenen Längsleiste.
Gynostemium → Säule

Habitus Gestalt einer Pflanze.
häutig Blätter von trockener, pergament- oder papierartiger Struktur.
Helm In der Orchideenblüte: wird von den zusammenneigenden (oder miteinander verwachsenen) oberen → Perianthblättern gebildet.
Hybride → Bastard
Hypochil (5) Hinterer Teil der → Lippe bei *Epipactis* und *Cephalanthera*, deren Lippe durch 2 seitliche Einschnitte geteilt ist.

Infloreszenz → Blütenstand
Internodium Der zwischen zwei Nodien (→ Knoten) liegende Teil des → Stengels.
irano-turanisch In den Steppen- und Halbwüstengebieten Vorder- und Mittelasiens vorkommend.

Kapsel (7) Eine trockene Frucht, die aus 2 oder mehr verwachsenen → Fruchtblättern gebildet wird und sich bei der Reife öffnet.
Karpell → Fruchtblatt
Kaudikel (8) Stiel zwischen → Pollinium und → Viszidium.
keilförmig, keilig Blattform: am Grund allmählich verschmälert, mit geraden Rändern.
Kelchblatt → Sepalum
kleistogam Selbstbestäubend innerhalb der ungeöffneten Blüte.
Klinandrium = Androklinium, Pollenschüssel; schüsselförmiges Gebilde an der Spitze der → Säule, in dem die → Pollinien liegen.
Knoten Lateinisch: Nodium; Ansatzstelle der Blätter am → Stengel.
konisch Vom Aussehen eines Kegels.
konkav Von hohl gewölbter Form.
Konnektiv (9) → Staubblatt
Kronblatt → Petalum

Labellum → Lippe
lanzettlich Blattform: an beiden Enden spitz zulaufend, größte Breite in der Mitte.
Lappen (Mittel-, Seiten-) → Lippe
laubblattartig Einem grünen Stengelblatt in Struktur und Aussehen ähnlich.
linealisch Blattform: lang und schmal mit fast parallelen Rändern.
Lippe (10, 12d) Lateinisch: Labellum; das mittlere → Petalum der Orchideenblüte, das meist auffallend anders gestaltet ist (Größe und Farbe) als die beiden seitlichen Petalen. Die Lippe wird als oberes Petalum angelegt, kommt aber durch spätere Drehung des → Fruchtknotens um 180° bei den meisten einheimischen Arten nach unten zu stehen (Landeplatz für anfliegende Insekten). Die Lippe ist oft in 3 Lappen geteilt (2 Seitenlappen und 1 Mittellappen) und der Mittellappen manchmal durch einen Einschnitt in 2 Zipfel gespalten. Bei vielen Orchideen findet sich am Grund der Lippe ein → Sporn.
lokal Von räumlich begrenzter Verbreitung.

Macchie Buschwald des Mittelmeergebietes, gebildet aus überwiegend immergrünen Bäumen und Sträuchern.
makaronesisch Auf den Inseln des mittleren Atlantik vorkommend (Kanaren, Madeira, Azoren).
Mal → Speculum
median = mittlere (s)

mediterran In einem Gebiet im Umkreis des Mittelmeeres verbreitet, das durch ein bestimmtes Klima (heiße, trockene Sommer und feuchte, relativ warme Winter) charakterisiert ist; Charakterpflanze ist der Ölbaum.
meridional → Zone
monotypisch Mit nur einem Vertreter, z. B. eine → Gattung mit nur einer → Art.
montan Bergwaldstufe, mittlere Höhenstufe der Gebirge.
Morphologie Lehre von der Gestalt der Pflanzen.

Narbe (11) = Stigma; Bereich an der Außenseite des → Fruchtblattes, der zur Anheftung des → Pollens dient; bei den Orchideen flächig ausgebildet auf der Vorderseite der → Säule.

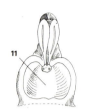

Nektar Zuckerhaltige Substanz, die von Drüsen ausgeschieden wird (bei Orchideen in der Blüte).
netznervig Die Blattnerven sind netzartig miteinander verbunden (bei den Orchideen selten).
Nodium → Knoten
Nomenklatur Lehre von der Namensgebung. Die Benennung der Pflanzen mit wissenschaftlichen Namen erfolgt nach den Nomenklaturregeln; jede Pflanze erhält 2 Namen, die zusammen das Binom bilden: der erste Name bezeichnet die Gattung, der zweite die Art. Begründer dieser binären Namengebung ist Linné (1707–1778); wichtige Bestandteile der Nomenklaturregeln sind die Typenmethode und die Prioritätsregel: Jeder Name ist an einen nomenklatorischen Typus – ein (Herbar-)Exemplar – gebunden, wobei es keine Rolle spielt, ob dieses Exemplar tatsächlich auch »typisch« für die → Sippe ist; existieren mehrere Namen für dieselbe Einheit, dann besitzt der zuerst veröffentlichte die Priorität, ist also gültig.

oberständig Der → Fruchtknoten befindet sich oberhalb der Ansatzstelle der anderen Organe der Blüte (→ Kelch-, → Kron- und → Staubblätter).
Ovar(ium) → Fruchtknoten

papillös Mit kleinen Erhebungen auf der Oberfläche (Lupe!).
parallelnervig Die Hauptnerven des Blattes laufen bogig und nahezu parallel und sind untereinander nicht sichtbar verbunden (bei den meisten Orchideen).
Parasit Eine Pflanze, die die benötigten Grundstoffe nicht selbst produziert, sondern von anderen lebenden Pflanzen bezieht (einige Orchideen parasitieren auf Pilzen).

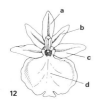

Perianth (12) = Blütenhülle
Perianthblatt = Blütenhüllblatt; die Orchideen besitzen 6 Perianthblätter, die zu je 3 in 2 Wirteln angeordnet sind. Die 3 äußeren werden → Sepalen genannt, die 3 inneren → Petalen.
Petalen (12b, d) = Kronblätter (sing. Petalum); der innere Wirtel von → Perianthblättern, der von dem äußeren Wirtel (den → Sepalen) in Form und Farbe unterschieden ist; mittleres Petalum → Lippe.
Pollen = Blütenstaub; Gesamtheit der Pollenkörner. → Staubblatt
Pollenfach → Staubblatt
Pollenschüssel → Klinandrium
Pollinium (13) Ein Pollenpaket, zu dem der gesamte Inhalt eines Pollenfaches verklebt ist. Die Pollinien sind die Bestäubungseinheiten vieler Orchideen, bei denen die Pollenkörner (→ Pollen) nicht einzeln frei werden.
Population = Bevölkerung; die Individuen einer → Sippe, die an einem Ort zusammenwachsen.

resupinat Gedreht; in den Blüten fast aller einheimischer Orchideen sind die → Fruchtknoten um 180 oder 360° gedreht.
Rhizom Kriechender unterirdischer → Sproß, mit dem die Pflanze den Winter überdauert.
Rosette Durch starke Verkürzung der → Internodien nah beisammen stehende Blätter, meist dicht am Boden.
Rostellum Klebdrüse auf der Vorderseite der → Säule zwischen → Narbe und → Staubblatt; bei den einheimischen Orchideen in 2 verschiedenen Ausbildungen:
1. bandförmig mit je einem → Viszidium an beiden Enden des Bandes (z. B. bei *Orchis*, *Ophrys*); 2. rundlich-kopfförmig (z. B. bei *Epipactis*).

Samen Geht nach der → Befruchtung aus der → Samenanlage hervor. Umgeben von der Schutzhülle (Samenschale) liegt die Jungpflanze (Embryo) meist in einem speziellen Nährgewebe. Fertige Samen sind wasserarm. Orchideen besitzen winzige Samen mit einem wenig entwickelten Embryo ohne Nährgewebe.
Samenanlage → Fruchtblatt, → Fruchtknoten

Säule (14) = Gynostemium; massives, säulenförmiges Gebilde im Zentrum der Orchideenblüte, das ein Verwachsungsprodukt von → Staubblättern und → Narben darstellt. Bei *Cypripedium* sind 2 → fertile Staubblätter und 1 → Staminodium sowie 3 fertile Narbenlappen vorhanden. Alle übrigen einheimischen Orchideen besitzen nur 1 fertiles Staubblatt und 2 Staminodien sowie eine einheitliche Narbenfläche.

scheidig → Blattscheide
Scheinknolle (15) Oberirdische knollenförmige Anschwellung am Grund des → Stengels bei einigen Orchideen.
Schnabel Langer, schmaler Fortsatz vom Aussehen eines Vogelschnabels.
schraubig Blätter oder Blüten vom → Stengel nach allen Seiten abgehend, am → Knoten jeweils nur ein Blatt (eventuell mit Blüte).
schuppenförmig Bei Blättern: reduziert und mit kleiner Fläche, z. B. manche → Tragblätter.
Selbstbestäubung → Bestäubung
Sepalen (12a, c) = Kelchblätter (sing. Sepalum); der äußere Wirtel von → Perianthblättern.
Sippe Allgemeine Bezeichnung für eine taxonomische Einheit ohne Nennung der konkreten Rangstufe.
→ Taxonomie
sitzend Ohne Stiel.
spatelförmig, spatelig Blattform: gegen den Grund allmählich verschmälert, größte Breite vorne.
Speculum (16) = Mal; anders gefärbter Bereich im zentralen Teil der Lippe bei *Ophrys*, meist kahl und oft glänzend.
Sporn (17) Hohle, sackförmige Ausstülpung eines → Perianthblattes, in dem oft → Nektar angesammelt wird. Bei Orchideen ist zuweilen die → Lippe gespornt.
Spreite Der flächig entwickelte Teil des Blattes.
Sproß Neben Blatt und Wurzel eines der Grundorgane der höheren Pflanzen (Gefäßpflanzen). Normalerweise ist der Sproß als oberirdischer blatt- und blütentragender Stengel ausgebildet. Abwandlungen des Sprosses als Anpassungen an bestimmte Funktionen sind häufig, z. B. → Rhizome, → Ausläufer.
Staminodium → steriles → Staubblatt
Standort Der Wuchsort einer Pflanze mit seinen Umweltbedingungen. Zu den Faktoren, die den Standort prägen, gehören z. B. geographische Lage, Klima, Boden, Wasserversorgung, Höhenlage, Lichtverhältnisse, Nachbarpflanzen usw.
Staubblatt Spezielles, zur Produktion von → Pollen umgebildetes Blatt in der Blüte. Ein Staubblatt besteht normalerweise aus einem unteren stielförmigen (Filament) und einem oberen Abschnitt (Anthere). Die Anthere setzt sich aus zwei Hälften zusammen (Theken), die durch ein Konnektiv (9) verbunden sind. Jede Theke wiederum enthält zwei sackförmige Pollenfächer, in denen der Pollen gebildet wird. Die Staubblätter der Orchideen sind stark umgewandelt und weichen vom Normaltyp ab. → Säule
Stengel → Sproß

steril = unfruchtbar
Stigma → Narbe
Stufe Einheit bei der vertikalen Gliederung der Vegetation. Es werden folgende Stufen von unten nach oben unterschieden: planar, kollin, → montan, → subalpin, → alpin, nival. Jede der Stufen ist durch bestimmte Vegetationseinheiten charakterisiert.
sub- Vorsilbe mit der Bedeutung »unter«; oft im Sinne einer Abschwächung der Wortbedeutung benutzt.
subalpin Krummholzstufe der Gebirge; umfaßt die Übergangszone zwischen dem → montanen Bergwald und der baumfreien → alpinen Stufe.
subarktisch → Zone
subatlantisch Mit ähnlicher Verbreitung wie → atlantisch, aber weniger stark an die Küstengebiete gebunden.
submediterran Mit ähnlicher Verbreitung wie → mediterran, aber weniger stark an das Mittelmeerbecken gebunden.
submeridional → Zone
sukkulent Fleischig verdickt.

Taxonomie Ordnungslehre; die Taxonomie versucht, die existierende Vielfalt des Pflanzenreiches zu ordnen. Auf verschiedenen Rangstufen werden eine Reihe von taxonomischen Einheiten unterschieden, die jeweils einen verschiedenen Grad der Verwandtschaft zueinander aufweisen. Die Einheiten, die allgemein als → Sippen bezeichnet werden, sind: Reich, Stamm, Klasse, Ordnung, Familie (z. B. *Orchidaceae*), Tribus, → Gattung (z. B. *Orchis*), Sektion, → Art (z. B. *O. morio*), → Unterart (z. B. subsp. *picta*), → Varietät, → Form. Weitere Zwischenstufen sind bei Bedarf möglich. Von den Rangstufen unterhalb der Art wird heute gewöhnlich nur die Unterart mit einem wissenschaftlichen Namen benannt.
temperat → Zone
terrestrisch Auf dem Erdboden wachsend.
Tragblatt Blatt im → Blütenstand, in dessen Achsel eine Blüte entspringt. Tragblätter sind meist klein und reduziert (→schuppenförmig), können aber auch wie die Stengelblätter aussehen (→ laubblattartig).
Traube Unverzweigter → Blütenstand mit gestielten Blüten.
Typus → Nomenklatur

Unterart Lateinisch: subspecies (subsp.); eine taxonomische Einheit, die für geographische Rassen verwendet wird. Die verschiedenen Unterarten einer → Art sind durch Pflanzen, welche morphologisch eine Mittelstellung einnehmen, miteinander verbunden. → Taxonomie

unterständig Der → Fruchtknoten befindet sich unterhalb der Ansatzstelle der anderen Organe der Blüte (→ Kelch-, → Kron- und → Staubblätter). Die Orchideen besitzen unterständige Fruchtknoten.

Variante Allgemeine Bezeichnung für unbedeutende Abänderungen einer → Art oder → Unterart; wird heute vielfach anstelle der taxonomischen Einheiten → Varietät und → Form gebraucht; die Namen der Varianten sind im Bildteil dieses Buches durch »« gekennzeichnet.

Varietät Lateinisch: varietas (var.); eine taxonomische Einheit, die für unbedeutende Abänderungen benutzt wird. Als Varietät wird meist eine Gruppe von abweichenden Pflanzen in einer → Population bezeichnet. → Taxonomie

Viszidien (18) = Klebscheiben (sing. Viszidium); liegen entweder frei oder in die → Bursikeln eingeschlossen zwischen → Narbe und → Staubblatt auf der Vorderseite der → Säule. Es sind klebrige Scheiben, denen die → Kaudikeln mit den → Pollinien aufsitzen. Sie dienen der Übertragung des → Pollens. Meist sind 2 Viszidien vorhanden; bei einigen Gattungen (*Anacamptis*, *Serapias*) sind beide zu einem einheitlichen Klebkörper verschmolzen.

18

wechselständig Die Blätter stehen einzeln an den → Knoten entlang des → Stengels.

Zipfel → Lippe

zirkumpolar Auf allen Kontinenten rund um den Nordpol (ohne große Lücken) verbreitet.

Zone Gürtelförmig um die Erde angeordnete Gebiete, deren Grenzen zueinander nach der aktuellen Vegetation festgelegt werden. Die Grenzen der pflanzengeographischen Zonen stimmen teilweise mit bestimmten Außenfaktoren, z. B. Klimalinien, überein, sind aber nicht immer mit diesen identisch. Vom Äquator zum Pol werden auf der Nordhalbkugel folgende Zonen unterschieden: tropisch, subtropisch, meridional (warm), submeridional (warmgemäßigt), temperat (kühlgemäßigt), boreal (kühl), arktisch (kalt). Das Mediterrangebiet z. B. gehört zur meridionalen Zone, das mitteleuropäische Laubwaldgebiet zur temperaten und das nordeuropäische Nadelwaldgebiet zur borealen Zone.

zweizeilig = distich; in 2 Längsreihen angeordnet (Blätter oder Blüten entlang des → Stengels).

Schlüssel zum Bestimmen der Gattungen

1	Pflanze ohne grüne Blätter	**2**
–	Pflanze mit grünen Blättern, diese zuweilen klein und schuppenförmig	**5**
2	Sporn deutlich ausgebildet	**3**
–	Sporn fehlend oder sehr kurz	**4**
3	Lippe ungeteilt, in der Blüte unten stehend **Limodorum**	(S. 142)
–	Lippe dreilappig, in der Blüte oben stehend **Epipogium**	(S. 142)
4	Blüten blaßbraun; Stengel mit zahlreichen braunen Schuppen **Neottia**	(S. 140)
–	Blüten grünlich bis gelblich-weiß; Stengel mit 2–4 langscheidigen Schuppen **Corallorhiza**	(S. 134)
5	Blüten ohne Sporn	**6**
–	Blüten mit Sporn	**20**
6	Lippe pantoffelförmig aufgeblasen	**7**
–	Lippe nicht pantoffelförmig aufgeblasen	**8**
7	Stengel mit 1 Blatt; Blüte mit 1 Staubblatt; Pflanze mit Knolle **Calypso**	(S. 134)
–	Stengel mit 2–4 Blättern; Blüte mit 2 Staubblättern; Pflanze mit Rhizom **Cypripedium**	(S. 24, Schlüssel S. 160)
8	Blüten mit vergrößerter, kahler oder behaarter Lippe von insekten- oder spinnenähnlichem Aussehen; zentraler Teil der Lippe (das Speculum) oft auffällig gefärbt **Ophrys**	(S. 30, Schlüssel S. 160)
–	Blüten mit kahler Lippe und ohne Speculum, nicht von insekten- oder spinnenähnlichem Aussehen	**9**
9	Lippe in der Blüte oben stehend	**10**
–	Lippe in der Blüte unten stehend	**12**
10	Lippe kürzer als die Sepalen; seitliche Petalen etwa halb so lang wie die Sepalen **Hammarbya**	(S. 136)
–	Lippe, Sepalen und seitliche Petalen etwa gleich lang	**11**
11	Sepalen kürzer als 3 mm; Lippe unterseits gegen die Spitze dicht warzig; am Stengelgrund meist 1 Blatt (selten 2 oder 3 Blätter) **Microstylis**	(S. 136)
–	Sepalen länger als 5 mm; Lippe nicht warzig; am Stengelgrund 2 Blätter **Liparis**	(S. 134)
12	Lippe durch eine Einschnürung in der Mitte in 2 Abschnitte geteilt, in einen basalen Abschnitt (das Hypochil) und einen distalen Abschnitt (das Epichil)	**13**
–	Lippe anders gestaltet	**15**
13	Hypochil mit seitlichen Lappen; Epichil deutlich hängend, zungenförmig **Serapias**	(S. 60, Schlüssel S. 162)
–	Hypochil ohne deutliche seitliche Lappen; Epichil nicht deutlich hängend	**14**
14	Blüten aufrecht, sitzend oder sehr kurz gestielt **Cephalanthera**	(S. 144, Schlüssel S. 168)
–	Blüten horizontal bis hängend, gestielt **Epipactis**	(S. 148, Schlüssel S. 168)
15	Blüten schraubig angeordnet, in 1–3 Reihen; Blüten meist weiß, auch rosa	**16**
–	Blüten nicht schraubig angeordnet; Blüten gelblich, grünlich oder rötlich	**17**
16	Blätter nur mit parallelen Hauptnerven; Lippe so lang wie die Sepalen **Spiranthes**	(S. 138)
–	Blätter mit meist deutlicher Netznervatur; Lippe kürzer als die Sepalen **Goodyera**	(S. 136)

17	Blätter grasartig, so lang wie oder länger als der Stengel; Lippe ungeteilt oder seicht gelappt	***Chamorchis*** (S. 122)
–	Blätter länglich bis lineal-lanzettlich, deutlich kürzer als der Stengel; Lippe tief gelappt	**18**
18	Lippe von »menschenähnlichem« Aussehen mit langen seitlichen und medianen Lappen; Blätter zahlreich	***Aceras*** (S. 66)
–	Lippe nicht von »menschenähnlichem« Aussehen; Blätter meist 1 oder 2, selten 3 oder 4	**19**
19	Lippe mit langem Mittellappen und kürzeren Seitenlappen	***Herminium*** (S. 132)
–	Lippe mit langen Seitenlappen und sehr kurzem Mittellappen	***Listera*** (S. 140)
20	Lippe durch eine Einschnürung in der Mitte in 2 Abschnitte geteilt, in einen basalen Abschnitt (das Hypochil) und einen distalen Abschnitt (das Epichil)	***Cephalanthera*** (S. 144, Schlüssel S. 168)
–	Lippe anders gestaltet	**21**
21	Lippe ungeteilt	**22**
–	Lippe dreilappig	**25**
22	Sporn kürzer als 2 mm	***Nigritella*** (S. 122)
–	Sporn länger als 5 mm	**23**
23	Lippe schmal, zungenförmig; Blüten grünlich-weiß, selten rein weiß	***Platanthera*** (S. 128, Schlüssel S. 167)
–	Lippe breit, nicht zungenförmig; Blüten rosa bis dunkelrot, selten weiß	**24**
24	Tragblätter häutig	***Orchis*** (S. 82, Schlüssel S. 163)
–	Tragblätter laubblattartig	***Dactylorhiza*** (S. 108, Schlüssel S. 165)
25	Mittellappen der Lippe mindestens dreimal so lang wie die Seitenlappen und meist schraubig gedreht	***Himantoglossum*** (S. 68, Schlüssel S. 162)
–	Mittellappen der Lippe weniger als doppelt so lang wie die Seitenlappen und nicht schraubig gedreht	**26**
26	Seitenlappen der Lippe und die beiden Zipfel des Mittellappens in mindestens 2,5 cm lange Fortsätze ausgezogen	***Comperia*** (S. 106)
–	Lappen der Lippe nicht in lange Fortsätze ausgezogen	**27**
27	Sepalen fast bis zur Spitze verwachsen; Sporn tief zweispaltig	***Steveniella*** (S. 106)
–	Sepalen nicht verwachsen; Sporn nicht gespalten	**28**
28	Sepalen in lange, an der Spitze verdickte Zipfel ausgezogen	***Traunsteinera*** (S. 122)
–	Sepalen nicht in verdickte Zipfel ausgezogen	**29**
29	Mittellappen der Lippe geteilt	**30**
–	Mittellappen der Lippe ungeteilt	**34**
30	Tragblätter laubblattartig	***Dactylorhiza*** (S. 108, Schlüssel S. 165)
–	Tragblätter häutig	**31**
31	Seitliche Sepalen spreizend oder zurückgeschlagen	***Orchis*** (S. 82, Schlüssel S. 163)
–	Alle 5 oberen Perianthblätter helmförmig zusammenneigend	**32**
32	Tragblätter viel länger als die Fruchtknoten	***Barlia*** (S. 78)
–	Tragblätter so lang wie oder kürzer als die Fruchtknoten	**32**
33	Blüten klein, Perianthblätter 3–4 mm lang, Sporn 1,5–2 mm lang; Lippe ohne rote Punkte	***Neotinea*** (S. 80)
–	Blüten in allen Teilen größer; falls Blüten klein, dann Lippe rot gepunktet	***Orchis*** (S. 82, Schlüssel S. 163)

34	Lippe am Grund mit 2 Längsleisten	***Anacamptis*** (S. 80)
–	Lippe am Grund ohne Längsleisten	**35**
35	Blüten rot, rosa oder weiß	**36**
–	Blüten gelb oder grün, manchmal braunrot überlaufen	**40**

36 Lippe und die übrigen Perianthblätter zusammenneigend, Blüte daher etwas glockig; Sporn etwa 2 mm lang ***Leucorchis*** (S. 126)
– Lippe und die übrigen Perianthblätter nicht zusammenneigend; Sporn länger als 4 mm **37**
37 Sporn fadenförmig, weniger als 1 mm im Durchmesser ***Gymnadenia*** (S. 124)
– Sporn dicker, zylindrisch oder sackförmig **38**
38 Blütenstand locker, einseitswendig ***Neottianthe*** (S. 126)
– Blütenstand dicht, allseitswendig **39**
39 Tragblätter häutig ***Orchis*** (S. 82, Schlüssel S. 163)
– Tragblätter laubblattartig ***Dactylorhiza*** (S. 108, Schlüssel S. 165)
40 Pflanze mit 2 Laubblättern **41**
– Pflanze mit 3 oder mehr Laubblättern **42**
41 Blätter herzförmig, stengelumfassend; Lippe mit kurz-dreieckigen, spreizenden Lappen ***Gennaria*** (S. 132)
– Blätter lanzettlich, grundständig; Lippe mit langen und schmalen, parallelen Lappen ***Habenaria*** (S. 132)
42 Blüten mit grüner Grundfarbe, manchmal braunrot überlaufen; Sporn 2 mm lang ***Coeloglossum*** (S. 126)
– Blüten gelb; Sporn länger **43**
43 Tragblätter häutig ***Orchis*** (S. 82, Schlüssel S. 163)
– Tragblätter laubblattartig ***Dactylorhiza*** (S. 108, Schlüssel S. 165)

Frauenschuh *Cypripedium*

Ausdauernd, 15–60 cm hoch. Kriechendes Rhizom, keine Knollen. Blätter wenige, breit elliptisch oder eiförmig; Tragblätter laubblattartig. Blüten groß und prächtig, normalerweise eine, selten mehrere je Stengel. Blütenhülle aus 4 spreizenden Zipfeln (die beiden seitlichen Sepalen verschmolzen und nach unten gerichtet) und einer großen, aufgeblasenen Lippe, die einem Pantoffel ähnelt; kein Sporn. Säule kräftig, nach vorne und etwas nach unten gerichtet, die Öffnung der Lippe teilweise verschließend; 2 fertile Staubblätter, je eines an beiden Seiten der Säule; Säule von einem breiten Staminodium bedeckt. Die Gattung *Cypripedium* enthält etwa 20 Arten, die vor allem in der temperaten und borealen Zone von Europa, Asien und Nordamerika verbreitet sind. Im Süden reicht das Gattungsareal bis in die Subtropen. Die Gebiete mit den meisten *Cypripedium*-Arten sind China, Japan und Nordamerika. In Europa treten 3 Arten auf, 2 davon nur in Rußland.

Frauenschuh *Cypripedium calceolus*
15–50 cm hoch. Blätter 3–4, breit elliptisch, mit hervortretenden Nerven. Blüten meist einzeln, selten mehrere, groß; Perianthzipfel kastanienbraun, mit der aufgeblasenen, gelben Lippe kontrastierend, deutlich länger als die Lippe; Staminodium weißlich, zuweilen mit karminroten Tupfen; seitliche Sepalen verschmolzen und nach unten gerichtet; Fruchtknoten schwach behaart. Bei einer seltenen Farbvariante, var. *flavum,* sind die Zipfel blaßgelb, nicht kastanienbraun. Der Großblütige Frauenschuh (*C. macranthum*) unterscheidet sich durch die rötliche Lippe; der kleinerblütige Gesprenkelte Frauenschuh (*C. guttatum*) hat eine weiße Lippe mit dunkelroten Punkten oder Flecken.

Kommt in Nord- und Mitteleuropa vor, nach Westen bis Norwegen, England und den südwestlichen Alpen, nach Osten durch Rußland bis Sibirien. In Deutschland verbreitet, jedoch nicht häufig, in manchen Gegenden heute vom Menschen wegen der attraktiven Blüten nahezu ausgerottet. Wächst in schattigen Laub- und Mischwäldern über kalkreichen Böden; in Gebirgslagen bis fast 2000 m ansteigend. Blütezeit Mai bis Juli, je nach Klima und Höhenlage.

Cypripedium calceolus

»*flavum*«

Großblütiger Frauenschuh *Cypripedium macranthum*
25–45 cm hoch. Blätter 3–4, wechselständig, breit eiförmig, zugespitzt. Blüten normalerweise einzeln; Perianthzipfel lila bis rötlich-violett, etwa so lang wie die Lippe; mittleres, dorsales Sepalum breit eiförmig, seitliche Sepalen verschmolzen und nach unten gerichtet; Lippe aufgeblasen mit schmaler Öffnung, violett bis purpurrot; Staminodium weißlich, violett getupft. Bei der var. *ventricosum* sind die seitlichen Petalen länger als die Lippe und das dorsale Sepalum ist schmäler; die Blütenfarbe ist oft blasser. Die rotgefärbte Lippe unterscheidet diese Art von *C. calceolus* und *C. guttatum*.
Häufig im zentralen Rußland vom östlichen Weißrußland bis zum Ural und nach Osten durch ganz Sibirien vorkommend. Wächst in schattigen Birkenwäldern und auf Waldlichtungen, weniger häufig in Nadelwäldern. Tritt oft zusammen mit *C. guttatum* auf. Blütezeit Juni bis Juli.

»*ventricosum*«

Cypripedium macranthum

Gesprenkelter Frauenschuh *Cypripedium guttatum*
15–30 cm hoch, locker behaart. Stengel schlank mit 2 eiförmigen Blättern. Blüten einzeln, weiß mit purpurnen Tupfen oder Flecken; mittleres, dorsales Sepalum 1,8–2,8 cm lang, breit eiförmig, plötzlich zugespitzt, tief konkav, auf der Innenseite mit violetten Tupfen; seitliche Sepalen fast bis zur Spitze verschmolzen, nach unten gerichtet, grünlichweiß; seitliche Petalen spreizend, mit breitem Grund, weiß mit purpurnen Tupfen; Lippe aufgeblasen mit breiter Öffnung, ebenfalls weiß mit purpurnen Tupfen. Eine Variante, der die purpurne Zeichnung fehlt, wurde var. *redowskii* genannt. Die purpurn getupften weißen Blüten unterscheiden *C. guttatum* von den anderen beiden Arten.
Verbreitet in Rußland von etwa 51° bis 60° N, nach Osten bis Ostsibirien, der Mandschurei und Korea. Die Standorte schließen Nadel- und Mischwälder ein, auch schattige Lichtungen. Blütezeit Mai bis Juni.

Cypripedium guttatum

Ragwurz *Ophrys*

Ausdauernd, 10–45 (–70) cm hoch. Knollen 2, rundlich bis eiförmig, ungeteilt. Blätter lanzettlich bis eiförmig, die unteren rosettig genähert, die oberen klein und scheidig; Tragblätter grün. Blütenstand eine lockere Ähre. Die oberen Perianthblätter spreizend, Sepalen größer als die seitlichen Petalen; Lippe ungeteilt bis dreilappig, oft mit einem Anhängsel an der Spitze, teilweise samtig oder zottig behaart, von insekten- oder spinnenähnlichem Aussehen, im zentralen Teil mit einem anders gefärbten, meist auch kahlen und oft glänzenden Bereich (Speculum); Sporn fehlt. Säule mit einem Fortsatz an der Spitze.
Zur Gattung gehören etwa 40 Arten und Unterarten, die in Europa, Nordafrika und Südwestasien verbreitet sind. Das Häufungszentrum liegt im Mittelmeergebiet. Die Gattung *Ophrys* ist taxonomisch äußerst schwierig, eine Vielzahl von Problemen müssen noch bearbeitet und geklärt werden. Einige der Arten sind sehr vielgestaltig, außerdem werden häufig Bastarde gebildet. Dies führt dazu, daß Einzelpflanzen manchmal kaum zu bestimmen sind; es empfiehlt sich immer, die Variationsbreite der ganzen Population zu berücksichtigen.

Kurdische Ragwurz *Ophrys kurdica*
15–30 cm hoch. Blätter 3–5, breit lanzettlich; Tragblätter viel länger als die Fruchtknoten. Blütenstand locker, 3- bis 7-blütig. Sepalen auffallend groß, grünlich-rosa bis rosa, die seitlichen nach unten weisend, das mittlere nach vorne gebogen; seitliche Petalen sehr schmal, etwa halb so lang wie die Sepalen, grün oder rot, behaart; Lippe dreilappig, 10–12 mm lang, seitliche Ränder des Mittellappens umgerollt, vorn mit kleinem Anhängsel, Seitenlappen klein und zurückgebogen, Lippe dunkelpurpurn, Speculum annähernd H-förmig, weiß.
Eine erst vor kurzem beschriebene Art, die nur von drei Funden aus der Südtürkei bekannt ist. Wächst in feuchten Wiesen. Blütezeit Mai.

Zypern-Ragwurz *Ophrys kotschyi*
15–35 cm hoch. Blätter 3–6, breit lanzettlich; Tragblätter länger als oder so lang wie die Fruchtknoten. Blütenstand locker, 2- bis 6-blütig. Sepalen grün, das mittlere in der Mitte nach vorn gekrümmt; seitliche Petalen bis halb so lang wie die Sepalen, behaart, olivgrün oder braun bis rot; Lippe tief dreilappig, Seitenlappen deutlich zurückgeschlagen, am Grund mit je 1 Höcker, an der Spitze der Lippe ein kleines Anhängsel, Lippe schwarzpurpurn, Speculum von variabler Form, oft H-förmig, lila und weiß berandet.
Endemisch auf Zypern, eine seltene Art. In Gebüsch an Berghängen. Blütezeit März bis April.

Kretische Ragwurz *Ophrys cretica*
20–30 cm hoch. Blätter 3–6, breit lanzettlich; Tragblätter etwas länger als die Fruchtknoten. Blütenstand locker, 2- bis 8-blütig. Sepalen verschieden gefärbt, grün, weißlich oder schmutzig rosa, auch braun; seitliche Petalen etwa halb so lang wie die Sepalen, behaart, schmutzig rosa bis dunkelpurpurn; Lippe tief dreilappig, 11–16 mm lang, an

Ophrys kurdica

Ophrys cretica, Varianten

Ophrys kotschyi

Ophrys cretica

der Spitze mit kleinem Anhängsel, am Grund der meist ausgebreiteten Seitenlappen 2 kleine Höcker entwickelt, Lippe schwarzpurpurn, Speculum von variabler Form, hellbläulich mit weißen Rändern bis weiß.
Verbreitet in Südgriechenland und auf den ägäischen Inseln. Die Populationen von Karpathos und Naxos wurden als eigene Inselrassen beschrieben, verdienen aber wohl kaum den Status von Unterarten. Blütezeit Mitte März bis April.
Von der verwandten *O. kotschyi* unterscheidet sich die Art durch das aufwärts gerichtete mittlere Sepalum, die oft rot gefärbten Sepalen und die ausgebreiteten Seitenlappen der Lippe.

Reynholds-Ragwurz *Ophrys reynholdii*
20–40 cm hoch. Blätter 4–5, breit lanzettlich; Tragblätter länger als die Fruchtknoten. Blütenstand locker, 2- bis 8-blütig. Sepalen verschieden gefärbt, weißlich, rosa, rot oder grünlich; seitliche Petalen etwa halb so lang wie die Sepalen, behaart, grünlich-braun bis rot; Lippe dreilappig, am Grund der Seitenlappen mit je 1 Höcker, vorne mit kleinem Anhängsel, Seitenlappen stark zurückgeschlagen, Lippe dunkelbraun bis schwärzlich, die Randzone des Mittellappens und die dicht behaarten Seitenlappen heller, Speculum relativ klein, angenähert halbmond- bis hufeisenförmig oder in 2 Flecken oder Streifen aufgelöst, weiß oder blaßviolett und weiß berandet.
Verbreitet in Griechenland, der Ägäis, der Türkei, ostwärts bis Persien. Wächst in Gebüschen, Macchien und Kiefernwäldern auf Kalkböden. Blütezeit Ende März bis Mitte Mai.
Höherwüchsige Pflanzen aus dem östlichen Teil des Verbreitungsgebietes wurden als subsp. *straussii* bezeichnet. Sie sollen Lippen mit weniger stark zurückgekrümmten Seitenlappen und einem etwas großflächigeren Speculum besitzen.

Argolische Ragwurz *Ophrys argolica*
15–35 cm hoch. Blätter 4–6, breit lanzettlich; Tragblätter länger als die Fruchtknoten. Blütenstand locker, 2- bis 8-blütig. Sepalen rosa bis rot, selten weißlich; seitliche Petalen variabel in Länge und Form, weniger bis deutlich mehr als halb so lang wie die Sepalen, dreieckig bis lanzettlich, behaart, rosa bis rot; Lippe normalerweise ungeteilt, aber auch deutlich dreilappig, am Grund ohne Höcker, an der Spitze mit kleinem Anhängsel, Lippe kirschrot bis dunkelbraun, in der Randzone behaart, die Haare am Grund der Lippe meist weiß; Speculum verschieden geformt, brillen- oder hufeisenförmig oder in 2 Flecken oder Streifen aufgelöst, blau bis lila, oft hell berandet.
Verbreitet von Mittelgriechenland durch die Ägäis bis zur Südtürkei und Zypern. Wächst auf buschigen Weiden, in Macchien und Kiefernwäldern auf Kalkböden. Blütezeit März bis April.
Pflanzen von Zypern mit dreilappigen Lippen wurden als subsp. *elegans* benannt. Dieses Merkmal findet sich aber auch anderswo im Verbreitungsgebiet der Art.

»straussii«

»elegans«

Ophrys reynholdii

Ophrys argolica

Luristanische Ragwurz *Ophrys schulzei*
25–65 cm hoch. Blätter 4–7, breit lanzettlich; Tragblätter länger als oder so lang wie die Fruchtknoten. Blütenstand locker, 4- bis 12-blütig. Sepalen groß, weit zurückgebogen, rosa bis dunkelrosa; seitliche Petalen sehr klein, 1–1,5 mm lang, rosa; Lippe dreilappig, Seitenlappen groß, ausgehöhlt und nach oben stehend, außen behaart, an der Spitze der Lippe ein kräftiges, grünliches Anhängsel, Lippe dunkelbraun, Speculum groß, flächig, weißlich, Seitenlappen innen weiß.
Verbreitet in der Südtürkei und Westpersien, bisher wenig bekannt. In Berglagen oberhalb 800 m in lichtem Eichenwald oder -gebüsch. Blütezeit Mai bis Juni.

Mond-Ragwurz *Ophrys lunulata*
30–40 cm hoch. Blätter 4–8, lanzettlich; Tragblätter länger als die Fruchtknoten. Blütenstand locker, 4- bis 9-blütig. Sepalen lanzettlich-eiförmig, rosa, die beiden seitlichen schräg nach unten gerichtet; seitliche Petalen schmal, zwei Drittel bis fast so lang wie die Sepalen, rosa; Lippe dreilappig, 10–12 mm lang, die Seitenlappen und die seitlichen Ränder des Mittellappens nach unten geschlagen, am Grund der Seitenlappen meist 2 Höcker ausgebildet, die beiden Basalschwielen am Grund der Säule dunkel blaugrün und glänzend, Lippe vorne mit kleinem Anhängsel, zentraler Teil der Lippe braun oder schwarzpurpurn, Rand meist gelblich, auch grünlich oder bräunlich, Speculum halbmondförmig, dunkel, bläulich.
Kommt auf Sizilien und Sardinien vor. Wächst auf grasig-steinigen Hängen und in Gebüsch. Blütezeit März bis April.

Attische Ragwurz *Ophrys carmeli*
10–40 cm hoch. Blätter 4–6, lanzettlich; Tragblätter länger als die Fruchtknoten. Blütenstand ziemlich dicht, 5- bis 8-blütig. Sepalen eiförmig, grün, selten etwas weißlich, mittleres Sepalum nach vorne gebogen; seitliche Petalen bis halb so lang wie die Sepalen, grün, selten etwas weißlich oder rötlich überlaufen, behaart; Lippe dreilappig, 6–10 mm lang, vorne mit Anhängsel, Seitenlappen am Grund mit 3 mm hohen Höckern, Lippe rotbraun bis dunkelbraun, behaart, Speculum schildförmig, bläulich oder bräunlich mit gelbem Rand.
Östliches Mittelmeergebiet (Griechenland bis Israel), ostwärts bis Persien. Auf Kalkböden in Grasland, Olivenhainen, Macchien. Blütezeit Anfang März bis Mitte April.

Gehörnte Ragwurz *Ophrys scolopax*
10–45 cm hoch. Blätter 5–6, lanzettlich bis breit lanzettlich; Tragblätter länger als die Fruchtknoten. Blütenstand locker, 3- bis 12-blütig. Sepalen rosa bis rot, das mittlere mehr oder weniger aufrecht; seitliche Petalen etwa ein Drittel so lang wie die Sepalen, rosa bis rot, behaart; Lippe dreilappig, 8–12 mm lang, mit Anhängsel an der Spitze, Lippe braun oder rotbraun; Speculum stark zerteilt, lila, rot oder bräunlich und weißlich berandet, sehr vielgestaltig; Seitenlappen zurückgeschlagen, am Grund mit bis 5 mm langen stumpfen Hörnern.
Die subsp. *scolopax*, auf die sich die obige Beschreibung bezieht, ist lückig im Mittelmeergebiet von Südspanien bis in die Südtürkei verbreitet. Wächst auf Kalkböden an buschigen Hängen, in lichten Wäldern und in trockenen Wiesen. Blütezeit März bis April.

Ophrys schulzei

Ophrys lunulata

Ophrys scolopax subsp. *scolopax*

Ophrys carmeli

O. scolopax ist sehr vielgestaltig. Der Zusammenhang zwischen den verschiedenen morphologischen Typen ist noch nicht endgültig geklärt. Je nach Auffassung der Fachleute werden bis zu 6 Unterarten getrennt, ob zu Recht, sei dahingestellt. Die nächsten Verwandten der *O. scolopax* sind *O. fuciflora,* selbst eine extrem variable Art, und *O. carmeli.* Die Unterscheidung dieser 3 Arten fällt vielfach schwer, da Bastarde und Übergangsformen auftreten; sie werden daher manchmal in einer Gesamtart zusammengefaßt.

Ophrys scolopax subsp. *orientalis*
Pflanzen, die unter diesem Namen geführt werden, vermitteln zwischen *O. scolopax* subsp. *scolopax* und *O. carmeli.* Von der ersten unterscheiden sie sich durch die meist grünlichen Sepalen und das nach vorn gebogene mittlere Sepalum; von der zweiten durch die manchmal etwas rötlichen Sepalen. Solche intermediären Pflanzen finden sich in der Türkei, auf Zypern, im Libanon und in Israel, also innerhalb des Verbreitungsgebietes der *O. carmeli.* Da sie sich von *O. carmeli* kaum unterscheiden, werden sie vielleicht am besten in diese Art einbezogen.

Ophrys scolopax subsp. *heldreichii*
Diese Unterart unterscheidet sich von subsp. *scolopax* durch die größeren Blüten mit 13–18 mm langen Lippen, ferner besitzen die Lippen einen breiten, kahlen Rand. Die Hörner am Grund der Seitenlappen sind relativ kurz, etwa bis 5 mm lang.
Verbreitungszentrum in der Ägäis, nach Griechenland und zur Südwesttürkei ausstrahlend. Blütezeit Ende März bis April.

Ophrys scolopax subsp. *cornuta*
Diese Unterart fällt durch die lang ausgezogenen Hörner (bis 1 cm) am Grund der Seitenlappen auf. Die Sepalen und Petalen sind oft intensiver rot gefärbt, die Lippe besitzt einen breiten, kahlen Rand.
Verbreitet auf der Balkanhalbinsel nordwärts bis Ungarn, außerdem in der Türkei und in Süditalien (Monte Gargano). Blütezeit April bis Mai.

Ophrys scolopax subsp. *oestrifera*
Die Unterart wird für Krim und Kaukasus angegeben. Sie scheint der subsp. *cornuta* am nächsten zu stehen, doch muß ihr Status überprüft werden. Als Unterscheidungsmerkmal zu den anderen Unterarten wird die Form des Mittellappens der Lippe genannt, die breiter als lang sein soll.

Ophrys scolopax subsp. *apiformis*
Sie ist die einzige Vertreterin des *scolopax*-Formenkreises in Nordafrika, wo sie in Marokko, Algerien und Tunesien vorkommt. In ihrer Merkmalskombination stimmt sie mit der subsp. *scolopax* mehr oder weniger überein und wird daher am besten mit dieser vereinigt.

»*apiformis*«

»orientalis«

»orientalis«

subsp. *heldreichii*

subsp. *cornuta*

Hummel-Ragwurz *Ophrys fuciflora*
15–35 cm hoch. Blätter 4–7, breit lanzettlich; Tragblätter länger als die Fruchtknoten. Blütenstand locker, 2- bis 10-blütig. Sepalen breit, das mittlere aufrecht oder selten etwas nach vorne gebogen, rot, rosa oder weißlich, manchmal mit grünem Mittelnerv; seitliche Petalen etwa ein Drittel so lang wie die Sepalen, behaart, rot, rosa oder weißlich, auch orange; Lippe ungeteilt, 9–13 mm lang, an der Spitze mit gut entwickeltem, gelblichem Anhängsel, am Grund zu beiden Seiten mit je 1 Höcker, samtig behaart, Lippe gelblichbraun bis dunkelbraun, Speculum groß, von variabler Form, verzweigt, violett, bläulich oder bräunlich mit schmalem bis breitem hellem Rand.

Der korrekte botanische Name der Hummel-Ragwurz ist *O. holosericea*. In diesem Buch wird aber aus praktischen Gründen der alteingebürgerte Name *O. fuciflora* beibehalten.

Verbreitet in Mittel-, West- und Südeuropa und in Vorderasien; nordwärts bis Südengland, Deutschland (Mittelrhein) und zur Tschechoslowakei; fehlt in weiten Teilen der Pyrenäenhalbinsel und im Innern der Balkanhalbinsel. Wächst in trockenen Wiesen, Gebüsch, Macchien und Kiefernwäldern. Blütezeit März bis Juli, im Süden früh, im Norden spät.

O. fuciflora ist außerordentlich vielgestaltig und entsprechend schwierig ist ihre taxonomische Behandlung. In der Literatur sind etwa 10 Unterarten beschrieben worden, die aber nicht alle gleichwertig sind. Einige sind morphologisch recht klar umrissen und besitzen eigene Verbreitungsgebiete, andere machen mehr den Eindruck von lokalen Varianten. Insgesamt sind die Zusammenhänge vielfach noch unklar, weshalb die nachfolgende Aufzählung der verschiedenen Rassen als provisorisch angesehen werden muß. Die Gebiete mit dem größten Formenreichtum sind das mittlere und das östliche Mittelmeergebiet.
Die obenstehenden Angaben zu Aussehen und Verbreitung beziehen sich auf subsp. *fuciflora*. Diese Unterart ist am weitesten verbreitet und kommt im außermediterranen Europa als einzige vor.

Ophrys fuciflora subsp. *candica*
Unterscheidet sich von der subsp. *fuciflora* in folgenden Merkmalen: seitliche Petalen sehr kurz, etwa ein Fünftel so lang wie die Sepalen; Lippe meist quadratisch oder breitrechteckig, Höcker fehlen am Grund der Lippe oder sind nur schwach angedeutet; Speculum mehr flächig ausgebildet, kaum verzweigt, braun und breit weiß bis gelblich berandet.
Verbreitet in Süditalien, Südgriechenland, auf Kreta und Rhodos sowie in der Südwesttürkei. Blütezeit Ende März bis Mai.

Ophrys fuciflora subsp. *oxyrrhynchos*
Pflanzen relativ klein, bis etwa 25 cm hoch. Sepalen grün, grünlich-weiß oder auch rot überlaufen bis kräftig rosa; seitliche Petalen sehr klein, etwa ein Fünftel so lang wie die Sepalen, Farbe variabel wie bei den Sepalen; Lippe fächerförmig bis fast rechteckig, an der Spitze mit großem und kräftigem Anhängsel, die seitlichen Ränder flach ausgebreitet oder nach oben gebogen, Höcker fehlen am Grund der Lippe oder sind nur angedeutet, Lippe braunrot, gegen den vorderen Rand oft mehr oder weniger gelb; Speculum vielgestaltig, verzweigt (aber weniger stark als bei subsp. *fuciflora*), violett bis bräunlich, breit hell berandet.
Verbreitet auf Sizilien, Sardinien und in Süditalien (Kalabrien). Blütezeit April bis Mai. Eine auffällige Farbvariante besitzt intensiv gelb gefärbte Lippen, die nur um das Speculum einen kleinen braunen Bereich aufweisen (var. *lacaitae*).

Ophrys fuciflora subsp. *fuciflora*

subsp. *candica*

»lacaitae«

subsp. *oxyrrhynchos*

Ophrys fuciflora subsp. *exaltata*
Pflanzen kräftig, bis 50 cm hoch. Sepalen grün, weiß, rosa oder rot; seitliche Petalen etwa halb so lang wie die Sepalen, verschieden gefärbt wie die Sepalen; Lippe konvex gewölbt, in der Aufsicht rundlich, an der Spitze mit kleinem und oft nach unten geschlagenem Anhängsel, Höcker fehlen am Grund der Lippe oder sind nur schwach ausgebildet, Lippe am gesamten Rand deutlich bärtig behaart, Farbe rotbraun bis schwarzbraun, Speculum reduziert, halbmondförmig oder als 2 getrennte Streifen oder Tupfen ausgebildet, bräunlich-lila.
Verbreitet auf Korsika sowie in Mittel- und Süditalien, vor allem entlang der Westküste. Blütezeit Ende März bis April.

Nachfolgend werden 6 Sippen aufgeführt, die alle in Süditalien gefunden wurden. Es handelt sich bei ihnen um lokale Varianten, die zwar als Unterarten beschrieben wurden, die aber diesen taxonomischen Status kaum verdienen.
Subsp. *sundermannii* von den höheren Lagen des Monte Gargano und subsp. *pollinensis* vom Monte Pollino fallen in den Variationsbereich der subsp. *exaltata* und werden daher am besten in diese einbezogen. Bei den Pflanzen der *pollinensis*-Variante ist das Speculum manchmal etwas umfangreicher entwickelt, als dies bei den weiter nördlich wachsenden Populationen der Fall ist; vielleicht sind es Übergangsformen zu einer anderen Unterart (subsp. *fuciflora*?), die durch Kreuzung entstanden. – Subsp. *apulica* (Apulien, Kalabrien und Sizilien) sowie subsp. *gracilis* (Salerno) unterscheiden sich kaum von der subsp. *fuciflora*. – Schwieriger ist die Zuordnung der beiden Varianten subsp. *celiensis* und subsp. *parvimaculata,* die jeweils von nur einem Fundort in Apulien bekannt sind; es scheinen Zwischenformen von subsp. *oxyrrhynchos* mit anderen Unterarten zu sein (subsp. *candida* bzw. subsp. *exaltata*?).

subsp. *exaltata* »*sundermannii*«

Ophrys fuciflora subsp. *bornmuelleri*
Ähnlich der subsp. *exaltata* und wie diese mit kleinem Speculum. Unterscheidet sich von dieser vor allem durch die sehr kleinen seitlichen Petalen (ein Fünftel so lang wie die Sepalen) und die Lippe, die am Grund 2 deutliche Höcker trägt.
Verbreitet im östlichen Mittelmeergebiet: Südwesttürkei, Zypern, Libanon und Israel.

Wespen-Ragwurz *Ophrys tenthredinifera*
10–40 cm hoch. Blätter 6–9, eiförmig bis breit lanzettlich; Tragblätter länger als die Fruchtknoten. Blütenstand locker, 3- bis 8-blütig. Sepalen breit, blaß bis kräftig rosa, mit oder ohne grüne Nervatur; seitliche Petalen ein Drittel so lang wie die Sepalen, breit dreieckig, rosa, papillös-samtig; Lippe groß, rechteckig, ungeteilt oder nur angedeutet dreilappig, am Grund mit 2 schwachen Höckern, an der Spitze mit einem hochgebogenen Anhängsel, Lippe im Randbereich gelb oder grünlich, selten bräunlich, in der Mitte dunkelbraun, Speculum klein, auf den Grund der Lippe beschränkt, grau und hell berandet.
Verbreitet im Mittelmeergebiet ostwärts bis zur Westtürkei, außerdem in Portugal. In Grasland, Macchien, Kiefernwäldern und auf steinigem Ödland. Blütezeit März bis Mai.

Ophrys fuciflora subsp. bornmuelleri

Ophrys tenthredinifera

Bienen-Ragwurz *Ophrys apifera*
15–50 cm hoch. Blätter 5–9, breit lanzettlich; Tragblätter länger als die Fruchtknoten. Blütenstand locker, 2- bis 10-blütig. Sepalen groß, abstehend oder zurückgeschlagen, meist dunkelrosa, seltener weißlich, grün geadert; Petalen weniger als halb so lang wie die Sepalen, behaart, grün bis rosa; Lippe dreilappig, 10–13 mm lang, an der Spitze mit zurückgeschlagenem Anhängsel, Seitenlappen langhaarig, am Grund mit Höckern, Lippe dunkelbraun oder schwärzlich-purpurn, Speculum mit U-förmigem Feld am Grund der Lippe, diese violett und gelb berandet, und 2 gelben Flecken im Vorderteil der Lippe.
Weit verbreitet in West-, Mittel- und Südeuropa, in Nordafrika und Südwestasien. Wächst in trockenem Grasland, Gebüsch, lichten Wäldern und auf Dünen. Blütezeit April bis Juli, je nach geographischer Breite.
Die Art ist selbstbestäubend und daher sehr wenig veränderlich. Auffällig sind einige Farbvarianten, so die var. *bicolor* mit einer zweifarbigen, grünen und braunen Lippe und die var. *chlorantha* mit weißlichen Sepalen und einfarbig grüner Lippe. Einen größeren taxonomischen Wert besitzen wahrscheinlich die Pflanzen mit großen seitlichen Petalen, die kahl und etwa zwei Drittel so lang sind wie die Sepalen; für sie ist der Name subsp. *jurana* in Gebrauch; solche Pflanzen treten vor allem im westlichen Mittel-, aber auch in Südeuropa auf. Um eine Blütenanomalie handelt es sich bei der als f. *trollii* bezeichneten Pflanze.

Ophrys apifera
»bicolor«
»chlorantha«
»trollii«
subsp. *jurana*

Bremsen-Ragwurz *Ophrys bombyliflora*
7–25 cm hoch. Knollen gestielt. Blätter 4–6, breit lanzettlich; Tragblätter kürzer als die Fruchtknoten. Blütenstand locker, 1- bis 5-blütig. Sepalen breit, grün; seitliche Petalen etwa ein Drittel so lang wie die Sepalen, am Grund rot, an der Spitze grünlich; Lippe dreilappig, knapp 10 mm lang, braun, Seitenlappen aufgewölbt, dicht behaart, Anhängsel zurückgeschlagen, Speculum flächig, ungeteilt oder zweiteilig, wenig deutlich, bläulichviolett und heller berandet.
Verbreitet im gesamten Mittelmeergebiet sowie in Portugal und auf den Kanarischen Inseln. Wächst in Grasland, lichten Wäldern, Macchien und auf Dünen. Blütezeit Mitte März bis Ende April.

Hufeisen-Ragwurz *Ophrys ferrum-equinum*
15–30 cm hoch. Blätter 5–6, lanzettlich bis breit lanzettlich; Tragblätter länger als die Fruchtknoten. Blütenstand locker, 2- bis 5-blütig. Sepalen rosa oder rot, selten weißlich oder grünlich; seitliche Petalen mindestens halb so lang wie die Sepalen, kahl, manchmal mit gewelltem Rand, rosa, rot oder braun; Lippe ungeteilt oder selten seicht dreilappig, 10–12 mm lang, an der Spitze mit kleinem Anhängsel, rundlich und ausgebreitet, schwach behaart, dunkel purpurbraun, Speculum in der Form von 2 parallelen Streifen oder, wenn diese am Grund verbunden sind, eines Hufeisens, blauviolett und manchmal weiß berandet.
Verbreitet im östlichen Mittelmeergebiet von Südgriechenland durch die Ägäis bis zur Südtürkei. Auf Kalkböden in trockenem Grasland, Macchien und Kiefernwäldern. Blütezeit März bis Mai.
Auf einigen der ägäischen Inseln wächst eine abweichende Rasse, die als subsp. *gottfriediana* bezeichnet wird. Sie unterscheidet sich von der subsp. *ferrum-equinum* durch die dreilappige Lippe und die grünlich-weißen bis blaß rosafarbenen Sepalen.

Bertolonis Ragwurz *Ophrys bertolonii*
15–35 cm hoch. Blätter 5–7, lanzettlich bis breit lanzettlich; Tragblätter länger als die Fruchtknoten. Blütenstand locker, 4- bis 7-blütig. Sepalen rosa oder rot, auch weiß, sehr selten grünlich; seitliche Petalen halb so lang wie die Sepalen, rosa oder rot, mit glattem Rand; Lippe meist schwach dreilappig oder ungeteilt, schmal, 10–15 mm lang, an der Spitze mit kräftigem Anhängsel, Lippe sattelförmig nach oben gebogen, schwarzpurpurn, dicht rotbraun behaart, Speculum im vorderen Teil der Lippe, meist schildförmig, auch ringförmig oder in 2 Flecken geteilt, blau bis bräunlich-violett, spiegelnd; Narbenhöhle am Grund der Säule schmal, höher als breit.
Eine Art des mittleren Mediterrangebietes, vom jugoslawischen Küstengebiet über Mittel- und Süditalien bis Sizilien verbreitet; Angaben für andere Gegenden müssen überprüft werden. Wächst in trockenen Wiesen, Kiefernwäldern und Olivenhainen. Blütezeit Ende März bis April.

Ophrys bertoloniiformis
Pflanzen der *O. bertolonii* ähnlich, aber mit breiteren und oft fast flachen Lippen ohne oder nur mit angedeuteter sattelförmiger Aufbiegung. Die Pflanzen stehen morphologisch zwischen *O. bertolonii* und *O. sphegodes* (subsp. *sphegodes* bzw. subsp. *atrata*) und werden als genetisch stabilisierte Hybriden zwischen diesen beiden Arten gedeutet. Der Einfluß von *O. sphegodes* zeigt sich noch in folgenden Merkmalen: Sepalen und Petalen ziemlich häufig grün, Lippe oft geteilt und mit kleinem Anhängsel, Narbenhöhle niedrig und breit.
Die verschiedenen Populationen der *O. bertoloniiformis,* die voneinander etwas abweichen und wohl unabhängig voneinander entstanden sind, finden sich am Monte Gargano, in Mittel- und Norditalien bis zum Südalpenrand, durch Südfrankreich bis Nordspanien und zu den Balearen.

Ophrys ferrum-equinum subsp. *gottfriediana*

Ophrys bertolonii

Ophrys bombyliflora

Ophrys ferrum-equinum subsp. *ferrum-equinum*

Spinnen-Ragwurz *Ophrys sphegodes*
20–50 cm hoch. Blätter 5–9, breit lanzettlich; Tragblätter länger als die Fruchtknoten. Blütenstand locker, 4- bis 10-blütig. Sepalen lanzettlich bis dreieckig, das mittlere aufrecht, alle grün gefärbt; seitliche Petalen wenigstens halb so lang wie die Sepalen, kahl, die Ränder meist gewellt, grünlich bis gelblich, manchmal auch rötlich; Lippe ungeteilt oder schwach dreilappig, 10–12 mm lang, an der Spitze ohne oder mit kleinem Anhängsel, am Grund zu beiden Seiten mit je einem meist undeutlichen Höcker, die Randzone nach unten gebogen und behaart, Lippe dunkelbraun, Speculum meist H-förmig, selten schildförmig, bläulich- oder bräunlich-violett, manchmal hell berandet.
Verbreitet in West-, Mittel- und Südeuropa, nordwärts bis Südengland und Mitteldeutschland, auch in Nordpersien gefunden. Die subsp. *sphegodes,* auf die sich die obige Beschreibung bezieht, wächst in trockenem Grasland, Macchien und lichten Wäldern auf kalkhaltigen Böden. Blütezeit Anfang April bis Juni.

O. sphegodes ist die formenreichste Art der ganzen Gattung. Bezüglich der taxonomischen Probleme gilt dasselbe, was bereits für *O. fuciflora* (S. 38) gesagt wurde. Von verschiedenen Autoren wurden über 15 Unterarten beschrieben. Teilweise sind diese in ihrer typischen Ausbildung klar umrissen und gut zu erkennen, doch sind sie andererseits durch mannigfache Übergangsformen miteinander verbunden. Einzelne Pflanzen oder Populationen lassen sich daher manchmal schwer oder gar nicht bestimmen.
Zu den Varianten mit weiß bis rosa gefärbten Sepalen siehe S. 54 (»*O. arachnitiformis*«).

Ophrys sphegodes subsp. *mammosa*
Die Unterart besitzt relativ große Blüten; Sepalen mit grüner Grundfarbe, die beiden seitlichen in der unteren Hälfte rot überlaufen; seitliche Petalen variabel gefärbt, grün, gelblich oder rot; Lippe schwärzlich-braun oder -purpurn, in der Randzone nur kurzhaarig, am Grund zu beiden Seiten mit je 1 deutlich entwickelten Höcker, Speculum H-förmig oder bei fehlendem Querbalken in Form von 2 Längsstreifen.
Eine Rasse des östlichen Mittelmeergebietes, bekannt von Griechenland, der Türkei und Zypern. Blütezeit Ende Februar bis April.

Ophrys sphegodes subsp. *transhyrcana*
Ähnlich der subsp. *mammosa* und räumlich an diese nach Osten anschließend; unterscheidet sich durch die stark konvex gewölbte Lippe, die nur schwach entwickelten Höcker und die sehr langen seitlichen Petalen.
Verbreitet in Persien und Turkmenistan.

Ophrys sphegodes subsp. *atrata*
Die Unterart sieht der subsp. *mammosa* ähnlich; von dieser unterscheidet sie sich vor allem durch die lang zottige Behaarung in der Randzone der Lippe und die beiden sehr kräftigen Höcker am Lippengrund.
Das Verbreitungsgebiet schließt an das der subsp. *mammosa* nach Westen an; die subsp. *atrata* wächst im mittlerrn und westlichen Mittelmeergebiet von der Ostküste der Adria an westwärts. Blütezeit Ende März bis Mai.

subsp. *mammosa*

Ophrys sphegodes
subsp. *sphegodes*

subsp. *mammosa*

subsp. *atrata*

Ophrys sphegodes subsp. *sintenisii*
Der subsp. *mammosa* ähnlich, von dieser unterschieden durch die anders geformte Säule, die an der Spitze schnabelförmig verlängert ist.
Verbreitet in der Türkei, auf Zypern, im Libanon, in Syrien und Israel. Blütezeit Mitte März bis April.

Ophrys sphegodes subsp. *amanensis*
Eine Lokalrasse des Amanusgebirges in der Südtürkei, die durch die rosa gefärbten oberen Perianthblätter auffällt. Sie steht der subsp. *spruneri* nahe, mit der sie auch die tief dreilappige Lippe gemeinsam hat. Blütezeit Mai.

Ophrys sphegodes subsp. *garganica*
Die Blüten sind groß, die seitlichen Petalen auffallend breit und lang, grün und gelblich bis bräunlich oder rot berandet, die Sepalen sind grün, die Lippe ist 12–16 mm lang, mehr oder weniger ungeteilt, dunkelbraun bis rotbraun, das Speculum ist H-förmig oder ist dem der subsp. *sphegodes* ähnlich, doch etwas großflächiger entwickelt.
Pflanzen mit dieser Merkmalskombination finden sich in Süditalien und in Spanien. Die weit verstreuten Vorkommen lassen vermuten, daß es sich um großblütige Varianten der subsp. *sphegodes* handelt, die voneinander unabhängig entstanden sind.

Ophrys sphegodes subsp. *provincialis*
Ebenfalls eine Lokalrasse aus dem Formenkreis der subsp. *sphegodes*, die in Südfrankreich gefunden wird. Es handelt sich ebenfalls um relativ großblütige Pflanzen.

Ophrys sphegodes subsp. *aeskulapii*
Die Unterart ist kenntlich an der breit gelb berandeten Lippe; Sepalen und seitliche Petalen grün bis bräunlich-grün, Lippe ungeteilt, ohne Höcker, nur schwach gewölbt.
Nur in Griechenland (Attika und Peloponnes). Blütezeit März bis April.

Ophrys sphegodes subsp. *parnassica*
Pflanzen, die so bezeichnet werden, vermitteln zwischen der subsp. *aeskulapii* und anderen Unterarten. Die Lippe ist meist dreilappig und gelb berandet, Höcker sind manchmal schwach entwickelt. Bekannt von Griechenland und Kreta.

Ophrys sphegodes subsp. *sipontensis*
Der subsp. *garganica* sehr ähnlich, aber durch die weiß bis intensiv rot gefärbten oberen Perianthblätter verschieden. Eine Lokalrasse des Monte Gargano in Süditalien.

subsp. *aeskulapii* »*sipontensis*«

subsp. *sintenisii* »amanensis« »garganica« »provincialis«

Ophrys sphegodes subsp. *spruneri*
10–30 cm hoch. Blätter 3–7, breit lanzettlich; Tragblätter länger als die Fruchtknoten. Blütenstand locker, 2- bis 4-blütig. Sepalen tief rosa bis grünlich- oder weißlich-rosa, die beiden seitlichen nach unten weisend und in der unteren Hälfte intensiver gefärbt; seitliche Petalen etwa zwei Drittel so lang wie die Sepalen, rosa bis orange; Lippe dreilappig, 10–15 mm lang, vorne mit kleinem Anhängsel, Seitenlappen am Grund mit Höckern und nach unten gebogen, Lippe schwarzpurpurn, samtig, Speculum meist H-förmig, zuweilen ohne mittleres Verbindungsstück, matt blauviolett und weiß berandet.
Verbreitet in Südgriechenland, der Ägäis und auf Kreta. Blütezeit März und April.
Die ostmediterrane Sippe ist innerhalb des *sphegodes*-Formenkreises einigermaßen gut charakterisiert. Sie wird daher manchmal als eigene Art abgetrennt.

Ophrys sphegodes subsp. *litigiosa*
Die Unterart ist vor allem durch ihre kleinen Blüten gekennzeichnet; Sepalen grün bis gelblich-grün, seitliche Petalen ebenfalls grün oder häufiger gelblich bis rötlich; Lippe 5–10 mm lang, ungeteilt bis schwach dreilappig. Höcker am Grund der Lippe fehlend oder wenig entwickelt, Lippe gewölbt, samtig, rötlich-braun bis dunkelbraun, in der Randzone kahl und gelb gefärbt, Speculum H-förmig oder schildförmig, meist klein.
Verbreitet in Südfrankreich, Italien und an der Adriaküste von Jugoslawien bis Griechenland, nordwärts bis in die Schweiz und nach Süddeutschland. Blütezeit März bis Juni.
Die kleinblütigen Pflanzen der Balkanhalbinsel wurden als eigene Unterart (subsp. *tommasinii*) abgetrennt, fallen aber in den *litigiosa*-Variationsbereich.

Ophrys sphegodes subsp. *sicula*
Hierher gehören hochwüchsige und reichblütige Pflanzen, die in ihrer allgemeinen Charakteristik sonst der subsp. *sphegodes* ähnlich sind; Sepalen grün, häufig treten Varianten mit weißlichen bis roten Sepalen auf (»*O. arachnitiformis*«, S. 54), Lippe ungeteilt bis schwach dreilappig, meist mit deutlichen Höckern, die Ränder relativ stark nach unten gebogen, so daß die Lippe schmal erscheint, oft dicht lang behaart; Speculum H-förmig.
Auf Sizilien und im südlichen Italien verbreitet. Insgesamt machen die Populationen in sich und untereinander keinen einheitlichen Eindruck. Möglicherweise handelt es sich um Übergangsformen zwischen verschiedenen Rassen, etwa subsp. *sphegodes* und *atrata*.

Ophrys sphegodes subsp. *panormitana*
Eine Lokalrasse Siziliens, deren Beziehungen zu den übrigen Rassen der formenreichen Art unklar ist. Charakteristisch sind die weißlichen Sepalen und die deutlich dreilappige Lippe.

»sicula«

»panormitana«

Ophrys sphegodes subsp. *spruneri*

subsp. *litigiosa*

»*Ophrys arachnitiformis*«
Unter dem Namen »*O. arachnitiformis*« werden eine Reihe verschiedenartiger Pflanzen verstanden, die zwei oder drei Merkmale gemeinsam haben: 1. generell *sphegodes*-ähnliches Aussehen, 2. nicht grüne, sondern weiß bis rosa, also blumenblattartig gefärbte Sepalen, und manchmal 3. ein deutlich entwickeltes Anhängsel an der Lippe. Früher hat man all diese Pflanzen als zusammengehörig betrachtet und entsprechend als Art behandelt. Neue Untersuchungen haben diese Meinung widerlegt und einen völlig anderen Zusammenhang aufgedeckt. *Arachnitiformis*-Typen treten in verschiedenen Gegenden und bei verschiedenen Unterarten der *O. sphegodes* unabhängig voneinander auf. Die Möglichkeit zur Ausbildung gefärbter Sepalen und größerer Anhängsel ist offensichtlich im Erbgut der Art enthalten. Die taxonomische Konsequenz ist, solche Pflanzen überhaupt nicht mit einem eigenen Namen zu belegen.

Braune Ragwurz *Ophrys fusca*
10–40 cm hoch. Blätter 4–6, lanzettlich bis breit lanzettlich; Tragblätter länger als die Fruchtknoten. Blütenstand locker, 2- bis 10-blütig. Sepalen grün bis gelblich-grün, mittleres Sepalum nach vorne gebogen; seitliche Petalen etwa zwei Drittel so lang wie die Sepalen, grün, manchmal gelblich oder bräunlich überlaufen; Lippe dreilappig, 13–20 mm lang, Mittellappen eingeschnitten und länger als die Seitenlappen, behaart, Lippe braun mit schmalem, gelbem Rand, Speculum flächig, zweigeteilt, wenig auffällig gefärbt, grau bis bläulich.
Die Art ist vielgestaltig besonders hinsichtlich der Größe und der Färbung der Blüten. Je nach Auffassung werden bis zu 3 Unterarten unterschieden (manchmal sogar im Artrang); auch werden manchmal *O. pallida* und *O. atlantica* zu dieser Art gerechnet.
Eine der häufigsten mediterranen *Ophrys*-Arten, die im ganzen Mittelmeergebiet sowie in Portugal und Rumänien vorkommt. Die subsp. *fusca*, auf die sich die obige Beschreibung bezieht, wächst in Macchien, Olivenhainen, Nadelwäldern und an buschigen Hängen in Rasen auf basischen Böden. Blütezeit Februar bis April.

Ophrys fusca subsp. *iricolor*
Pflanzen, die so bezeichnet werden, zeichnen sich durch größere Blüten aus, die ein auffällig gefärbtes, intensiv blaues Speculum auf der Lippe besitzen. Sie finden sich im mittleren und östlichen Mediterrangebiet.

Omega-Ragwurz *Ophrys omegaifera*
8–25 cm hoch. Blätter 3–4, eiförmig-lanzettlich; Tragblätter länger als die Fruchtknoten. Blütenstand locker, 1- bis 5-blütig. Sepalen grün; seitliche Petalen etwa zwei Drittel so lang wie die Sepalen, bräunlich bis purpurn; Lippe dreilappig, 15–20 mm lang, meist nach unten geknickt, am Grund ohne Spalt, dunkelbraun bis schwarzviolett behaart, ohne gelben Rand, Speculum flächig, rot- bis dunkelbraun, vorn durch eine ω-förmige weiße Linie begrenzt.
Verbreitungsgebiet zweigeteilt, einerseits in Marokko, Spanien und auf den Balearen, andererseits in der Ostägäis, der Türkei und im Libanon. Wächst in lichten Wäldern, Gebüsch und an grasigen Hängen. Blütezeit Dezember bis April.

»*Ophrys arachnitiformis*«

»*Ophrys arachnitiformis*«

Ophrys omegaifera

»*Ophrys arachnitiformis*«

Ophrys fusca

»*iricolor*«

Atlas-Ragwurz *Ophrys atlantica*
15–30 cm hoch. Blätter 4–7, breit lanzettlich; Tragblätter länger als die Fruchtknoten. Blütenstand locker, 1- bis 4-blütig. Sepalen grün; seitliche Petalen nur wenig kürzer als die Sepalen, grün bis bräunlich; Lippe groß, dreilappig, am Grund ohne Spalt, Seitenlappen fast so lang wie der Mittellappen, schwarzpurpurn oder dunkelbraun, behaart, Speculum flächig, blau.
Verbreitet in unteren und mittleren Gebirgslagen von Nordafrika und Südspanien. Wächst in Wäldern, meist auf Kalkböden. Blütezeit Ende April bis Juni.

Gelbe Ragwurz *Ophrys lutea*
10–30 cm hoch. Blätter 4–8, breit lanzettlich; Tragblätter länger als die Fruchtknoten. Blütenstand locker, 2- bis 7-blütig. Sepalen grün, das mittlere nach vorne gebogen; seitliche Petalen etwa halb so lang wie die Sepalen, gelblich-grün; Lippe dreilappig, 9–18 mm lang, Mittellappen ausgerandet, Lippe mit breitem, flachem, kahlem Rand, der gelb gefärbt ist und den dunkelrotbraunen zentralen Teil umgibt, Speculum flächig, ungeteilt oder zweiteilig, unauffällig grau.
Eine häufige Art, die das gesamte Mittelmeergebiet besiedelt. In Macchien, Kiefernwäldern und trockenen Rasen. Blütezeit März bis April.
Die Art tritt in 3 Varianten auf, die sich gut unterscheiden lassen. Sie verdienen wahrscheinlich nicht die Bewertung als eigene Unterarten. Großblütige Exemplare mit breit gelbrandigen Lippen werden als var. *lutea* bezeichnet, kleinblütige Exemplare mit schmal gelbrandigen Lippen als var. *minor* (= subsp. *murbeckii*). In Griechenland und Süditalien (Monte Gargano) wachsen kleinblütige Pflanzen mit einheitlich gefärbten Lippen, bei denen der Rand nicht gelb, sondern wie der zentrale Teil dunkelrotbraun und behaart ist; sie wurden als subsp. *melena* beschrieben. In der Lippenfärbung nähern sich diese Pflanzen der *O. fusca* an, mit der *O. lutea* überhaupt nah verwandt ist, unterscheiden sich aber durch den flachen, nicht nach unten gebogenen Lippenrand.

Ophrys atlantica

Ophrys lutea

»melena«

»minor«

Blasse Ragwurz *Ophrys pallida*
10–25 cm hoch. Blätter 4–7, kurz, lanzettlich; Tragblätter etwas länger als die Fruchtknoten. Blütenstand locker, 2- bis 5-blütig. Sepalen breit, grünlich- oder rötlich-weiß; seitliche Petalen etwa halb so lang wie die Sepalen, grün; Lippe schwach dreilappig, am Grund nach unten geknickt, 7–10 mm lang, kastanienbraun mit rötlich-weißem bis blaugrauem Speculum, dessen beide Hälften halbkugelig vorgewölbt sind.
Von Algerien bis Sizilien verbreitet. Wächst auf grasigen Hängen und in Macchien. Blütezeit Februar bis April.

Spiegel-Ragwurz *Ophrys speculum*
10–30 cm hoch. Blätter 5–7, breit lanzettlich; Tragblätter länger als die Fruchtknoten. Blütenstand locker, 3- bis 8-blütig. Sepalen grün, innen mit rotbraunen Streifen, mittleres Sepalum nach vorne gebogen; seitliche Petalen etwa ein Drittel so lang wie die Sepalen, zurückgekrümmt, braun; Lippe tief dreilappig mit dunkelbraunem, dicht langhaarigem Rand, Lippe gelblich bis grün, Speculum groß, flächig und leuchtend blau.
Durch das ganze Mittelmeergebiet verbreitet, aber nicht gleichmäßig häufig. Wächst an trockenen Standorten in Grasland, lichten Wäldern und Macchien. Blütezeit März und April.
Die Art ist gut kenntlich und nicht zu verwechseln. An den Rändern des Verbreitungsgebiets haben sich Varianten herausgebildet, die sich durch zurückgeschlagene Lippenränder auszeichnen. Pflanzen von Rhodos und der Westtürkei, die sonst der Normalform gleichen, werden var. *regis-fernandii* genannt. Pflanzen aus Portugal mit außerdem verlängerten Seitenlappen und mehr rötlichen Haaren wurden als subsp. *lusitanica* abgetrennt.

Fliegen-Ragwurz *Ophrys insectifera*
20–50 cm hoch. Blätter 7–9, breit lanzettlich; Tragblätter länger als die Fruchtknoten. Blütenstand locker, 2- bis 16-blütig. Sepalen grün; seitliche Petalen schmal, fadenförmig, mehr als halb so lang wie die Sepalen, dunkelrotbraun; Lippe dreilappig, etwa 10 mm lang, Mittellappen eingeschnitten, Lippe samtig, dunkelbraun, Speculum blaugrau, rechteckig.
Weit verbreitet in Europa mit Schwerpunkt in West- und Mitteleuropa. Fehlt im engeren Mediterrangebiet sowie im äußersten Norden und Osten Europas. Steigt bis 1500 m an. Wächst in Kiefern- und Buchenwäldern, in Säumen und Trockenwiesen auf Kalkböden. Blütezeit Mai bis Juli je nach Höhenlage und geographischer Breite.

Ophrys speculum
»*lusitanica*«

Ophrys speculum, »regis-fernandii«

Ophrys pallida

Ophrys insectifera

Variante

Ophrys speculum

Zungenstendel *Serapias*

Ausdauernd, 15–30 (–60) cm hoch. Knollen 2–5, rundlich bis eiförmig, ungeteilt. Blätter schmal, gefaltet und zugespitzt, oft einwärts oder auswärts gebogen. Blüten in einer Ähre; Sepalen eiförmig-lanzettlich, spitz, teilweise verwachsen, zusammen mit den lineal-lanzettlichen seitlichen Petalen einen zugespitzten Helm bildend; Lippe groß, mit langem, hängendem und zungenförmigem Mittellappen (dem Epichil) und kurzem basalem Abschnitt (dem Hypochil) mit 2 Seitenlappen; kein Sporn. Säule mit einem langen Schnabel.

Die Gattung *Serapias* umfaßt ungefähr 7 Arten und ist vor allem im Mittelmeergebiet verbreitet. Besonders im östlichen Teil des Areals sind die Arten nicht immer eindeutig gegeneinander abgegrenzt. Auch Bastarde sind nicht selten. Entsprechend herrscht einige Unsicherheit bei der Abgrenzung der einzelnen Sippen und ihrer taxonomischen Bewertung, wie die unterschiedlichen Meinungen der Fachleute zeigen. Außerdem treten Bastarde mit anderen Gattungen auf, z. B. mit *Orchis*.

Langlippiger Zungenstendel *Serapias vomeracea*
20–60 cm hoch. Knollen 2, sitzend. Blätter 6–8, lang, schmal, gefaltet und zugespitzt, nach außen gebogen; Blattscheiden nicht gefleckt; Tragblätter deutlich länger als die Blüten. Ähre 4- bis 10-blütig, locker. Lippe länger als der Helm; Mittellappen (Epichil) viel schmäler als das Hypochil, dicht behaart; Hypochil mit 2 nahezu parallelen Schwielen; Helm blaßrot mit dunkler Aderung, Lippe tief rotbraun, Seitenlappen am Grund rötlich und an der Spitze schwarz. Von *S. lingua*, *S. parviflora* und *S. olbia* mit ebenfalls schmalem Epichil unterscheidet sich die Art durch die sehr langen Tragblätter.

Weit verbreitet im gesamten Mittelmeergebiet, nordwärts bis zum Südrand der Alpen, auch in der Türkei und im Kaukasus. An feuchten Standorten in Wald und Grasland, an quelligen Stellen an Abhängen. Blütezeit Ende März bis Anfang Juni, je nach Breitengrad und Höhenlage.

Orientalischer Zungenstendel *Serapias orientalis*
15–35 cm hoch. Blätter 5–7, mäßig lang und breit; Tragblätter etwas länger als die Blüten. Ähre relativ dicht, 5- bis 7-blütig. Mittellappen (Epichil) breit lanzettlich bis herzförmig, kaum schmäler als das Hypochil, dicht behaart, zurückgekrümmt, gelblich bis rötlich-bräunlich; 2 Schwielen am Grund der Lippe. Eine dunkelblütige Variante wurde als var. *cordigeroides* beschrieben.

Apulien, Südgriechenland, griechische Inseln, Zypern und Südtürkei. Hauptsächlich auf Kalkböden in nassen Wiesen, Olivenhainen und Macchien. Blütezeit Mitte März bis Anfang Mai.

Eine systematisch kritische Art aus der Verwandtschaft von *S. cordigera* und *S. neglecta*, deren taxonomischer Status noch geklärt werden muß. Die Pflanzen Apuliens (Monte Gargano) besitzen größere Blüten und werden manchmal als subsp. *apulica* abgetrennt.

Serapias vomeracea   *Serapias orientalis*   »*cordigeroides*«   »*apulica*«

Übersehener Zungenstendel *Serapias neglecta*
10–30 cm hoch. Knollen 2, sitzend. Blätter 4–10, lanzettlich, gefaltet, mehr oder weniger zurückgebogen; Blattscheiden ungefleckt; Tragblätter etwa so lang wie die Blüten. Ähre dicht, meist 4- bis 8-blütig. Mittellappen (Epichil) groß, herzförmig, oft in eine Spitze ausgezogen, behaart, gelblich bis blaß ziegelrot, selten orangefarben oder dunkler rot; Hypochil lang, aus dem Helm hervorragend, mit 2 parallelen Schwielen am Grund, die Seitenlappen oft intensiver gefärbt.
Südfrankreich, Norditalien und vielleicht auch Sizilien, Korsika, Sardinien, Südwestjugoslawien und Ionische Inseln. Keine häufige Art, lückig verbreitet. Auf feuchten Wiesen, in lichten Wäldern und Macchien, hauptsächlich auf leicht sauren, sandigen Böden in Küstennähe. Blütezeit Ende März bis April.
Eine niedrigwüchsige, rotblütige Variante wurde von den Ionischen Inseln als subsp. *ionica* beschrieben.

Serapias neglecta

»ionica«

Herzförmiger Zungenstendel *Serapias cordigera*
15–45 cm hoch. Knollen 2–3, eine sitzend, die anderen an Ausläufern. Blätter 5–8, lanzettlich, gefaltet, ihre Scheiden mit braunroten Flecken; Tragblätter kürzer als die Blüten. Ähre ziemlich dicht, 2- bis 10-blütig. Mittellappen (Epichil) herzförmig, etwa so breit wie das Hypochil, behaart, dunkelrot mit dunklerer Aderung; Hypochil mit 2 Schwielen am Grund, im Unterschied zu *S. neglecta* kurz und im Helm verborgen.
Besonders im westlichen Mittelmeergebiet, nach Osten vereinzelt bis in die Südtürkei, im atlantischen Europa bis zur Bretagne und den Azoren ausstrahlend. Wächst in Grasland, in offenen Wäldern, Gebüschen und Macchien. Blütezeit Ende März bis Mai.
Eine Farbvariante mit helleren, blaßroten Blüten wurde aus Nordafrika als var. *mauretanica* beschrieben.

Kleinblütiger Zungenstendel *Serapias parviflora*
10–35 cm hoch. Knollen 2 (–3), sitzend. Blätter 5–7, lineal-lanzettlich, gefaltet und einwärts gebogen, am Grund meist rot gefleckt oder gestrichelt; Tragblätter so lang wie oder kürzer als die Blüten. Ähre verlängert, locker, 4- bis 12-blütig. Blüten klein; Lippe 15–20 mm lang, bräunlich-rot mit dunklerer Aderung, wenig behaart, zurückgeschlagen, am Grund mit 2 Schwielen; Epichil schmäler als das Hypochil.
Stellenweise von den Kanarischen Inseln durch fast das gesamte Mittelmeergebiet bis zur Südtürkei. Auf nassen und trockenen Wiesen, Sanddünen und in Olivenhainen. Blütezeit Ende März bis Anfang Mai.
Die Pflanzen im östlichen Teil des Verbreitungsgebietes (etwa von Süditalien an ostwärts) nähern sich in ihren Merkmalen der *S. vomeracea*. Diese Pflanzen sind kräftiger, die Blüten stehen lockerer und haben eine blassere Färbung. Für sie ist der Name subsp. *laxiflora* in Gebrauch.

ias cordigera — *»mauretanica«* — Variante — *»laxiflora«*

Serapias parviflora

Côte-d'Azur-Zungenstendel *Serapias olbia*
10–25 cm hoch, schlank. Knollen 3 (–4), eine sitzend, die anderen an Ausläufern. Blätter schmal lanzettlich; Tragblätter kürzer als die Blüten. Ähre locker, 2- bis 5-blütig. Lippe tief dunkelrot, dicht behaart; Mittellappen (Epichil) schmäler als das Hypochil, zurückgeschlagen.
Eine seltene Art, die nur aus einem kleinen Gebiet in Südostfrankreich (Var) bekannt ist. Entlang der Küste in feuchten Dünensenken und an Teichufern. Blütezeit Mitte April bis Mitte Mai.
Bei der Art handelt es sich möglicherweise um einen fixierten Bastard zwischen *S. lingua* und eventuell *S. cordigera*. Eine Farbvariante mit blasseren roten Blüten wird var. *gregaria* genannt.

Einschwieliger Zungenstendel *Serapias lingua*
10–30 cm hoch. Knollen 2 oder mehrere, eine davon sitzend, die anderen an kurzen Ausläufern. Blätter 4–5, linealisch bis lanzettlich, an der Basis meist ungefleckt; Tragblätter etwa so lang wie die Blüten. Ähre locker, 2- bis 9-blütig. Lippe verschieden gefärbt, gelblich, rosa-violett oder sogar dunkelrot; Mittellappen (Epichil) schmäler als das Hypochil, stark verlängert; am Grund der Lippe eine einzelne längsgefurchte Schwiele.
Eine häufige Art des Mittelmeergebietes, oft in Kolonien wachsend, nach Osten bis Griechenland und Kreta. Wächst auf trockenen und feuchten Wiesen, in Olivenhainen, Wäldern und Macchien. Blütezeit März bis Anfang Mai.

Fratzenorchis *Aceras*

Ausdauernd, 10–60 cm hoch. Knollen 2, eiförmig, ungeteilt. Blätter lanzettlich, glänzend; Tragblätter etwa halb so lang wie die Fruchtknoten. Blütenstand eine langgestreckte, reichblütige Ähre. Die oberen 5 Perianthblätter einwärts gebogen, einen Helm bildend; Lippe mit 2 langen, schmalen Seitenlappen und 1 tief geteilten Mittellappen mit schmalen Zipfeln; kein Sporn. Säule sehr kurz.
Die Gattung enthält 1 Art, die in Süd- und Westeuropa und im angrenzenden Nordwestafrika verbreitet ist. Gegenüber der nah verwandten Gattung *Orchis* zeichnet sie sich durch den fehlenden Sporn aus. Bastarde zwischen Vertretern beider Gattungen sind nicht selten.

Fratzenorchis, Puppenorchis, Ohnhorn *Aceras anthropophorum*
Blätter 5–6, ungefleckt. Perianthblätter grünlich-gelb, oft mit rötlichen Streifen und Rändern; Sepalen 6–7 mm lang; Lippe von »menschenähnlichem« Aussehen, 12–15 mm lang, hängend.
Verbreitungsschwerpunkt im westmediterranen und atlantischen Europa, nordwärts bis Südengland, südwärts bis Nordwestafrika, ostwärts bis Westdeutschland, Dalmatien und Zypern. Auf Kalkböden bis 1500 m ansteigend, auf trockenen ungedüngten Wiesen, in lichten Wäldern, Olivenhainen und Macchien. Blütezeit Ende März bis Juni.

Varianten

»gregaria«

Serapias lingua

Aceras anthropophorum

Serapias olbia

Riemenzunge *Himantoglossum*

Ausdauernd, 30–90 cm hoch, Pflanzen auffallend robust. Knollen 2, ellipsoidisch, ungeteilt. Blätter länglich, beidendig verschmälert; Tragblätter länger als die Fruchtknoten. Blütenähre locker, vielblütig. Die oberen Perianthblätter zusammenneigend und einen Helm bildend; Lippe dreilappig, der Mittellappen sehr lang ausgezogen, meist schraubig gedreht und an der Spitze mehr oder weniger zweispaltig; Sporn relativ kurz. Säule stumpf.
Die Gattung ist mit 5 Arten und Unterarten hautsächlich im Mittelmeergebiet verbreitet und strahlt von dort bis in das atlantische und subatlantische Europa sowie zum Kaukasusgebiet aus.

Bocks-Riemenzunge *Himantoglossum hircinum* subsp. *hircinum*
Eine der größeren und robusteren europäischen Orchideen, 30–75 cm hoch. Blätter 6–8, länglich bis breit lanzettlich, die unteren oft verwelkt, in Mitteleuropa oft mit Frostschäden und dann an der Spitze braun. Blütenstand mäßig dicht, vielblütig mit 15–80 Blüten. Die oberen Perianthblätter zusammenneigend, einen fast kugeligen Helm bildend, grünlich oder graugrün mit rötlichen Streifen; Lippe dreilappig, der Mittellappen stark verlängert, 25–50 mm lang, riemenförmig, an der Spitze zweigabelig, in der Knospe eingerollt, Seitenlappen kürzer, 5–15 mm lang; Lippe von verschiedener Farbe, weißlich, grünlich, olivbraun bis selten blaßrosa, mit roten Flecken am Grund; Sporn kurz, konisch, 1,5–2,5 mm lang, nach unten weisend. Die Blüten riechen stark nach Ziegenbock, besonders gegen Abend.
Lokal verbreitet und nicht häufig im westlichen und südlichen Europa sowie im angrenzenden Nordafrika; von Südengland, den Benelux-Ländern, Frankreich und Spanien nach Osten bis Ungarn und Jugoslawien. In Deutschland besonders in den Wärmegebieten im Südwesten, bis zum Niederrhein und nach Thüringen. Auf Kalkböden in lichten Wäldern und Gebüschen, auf Sanddünen und trockenen Wiesen. Blütezeit Ende Mai bis Juli oder sogar August.

Himantoglossum hircinum subsp. *hircinum*

Südöstliche Bocks-Riemenzunge *Himantoglossum hircinum* subsp. *caprinum*

Unterscheidet sich von der Typusunterart (subsp. *hircinum*) durch die weniger dichte und armblütige Ähre mit maximal 25 Blüten, durch den etwas längeren Sporn von 3–5 mm und durch den gestreckten, eiförmigen Helm. Lippe normalerweise kräftig rosa mit roten Flecken am Grund; Mittellappen an der Spitze tief geteilt mit etwa 15 mm langen Zipfeln.

Das Verbreitungsgebiet schließt östlich an das der Typusunterart an. Funde liegen vor von der Krim (von dort zuerst beschrieben), aus der Nordtürkei sowie aus verschiedenen Teilen der Balkanhalbinsel. Die Standorte gleichen denen der Typusunterart. Blütezeit Mai bis Anfang Juli.

Die Unterart *caprinum* vermittelt morphologisch zwischen den beiden anderen Unterarten *hircinum* und *calcaratum*. Die Bestimmung einzelner Pflanzen ist daher oft nicht leicht. Kompliziert wird der Sachverhalt auch durch die unterschiedlichen Meinungen der Fachleute, die die Grenzen zwischen den 3 Unterarten verschieden ziehen.

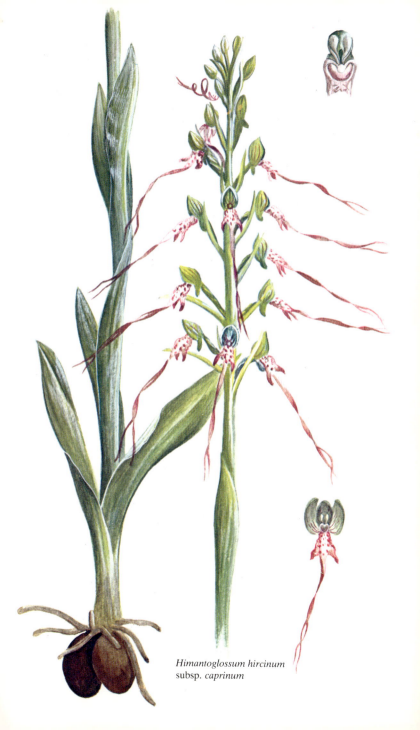

Himantoglossum hircinum subsp. *caprinum*

Gespornte Bocks-Riemenzunge *Himantoglossum hircinum* subsp. *calcaratum*
40–90 cm hoch, eine noch robustere Pflanze als die Typusunterart (subsp. *hircinum*). Blätter 8–10, breit lanzettlich, wie der Stengel oft violett überlaufen. Blüten groß und prächtig, Mittellappen der Lippe (5–)8–10 cm lang, an der Spitze tief gespalten in bis zu 5 cm lange Zipfel; Sporn gut entwickelt, 8–12 mm lang; der von den oberen Perianthblättern gebildete kugelige Helm und die Seitenlappen der Lippe größer als bei der Typusunterart; Blüten rotviolett mit dunkleren Flecken am Grunde der Lippe.
Beschränkt auf Gebirgsgegenden in Südjugoslawien und eventuell auch Albanien, in Höhen von 400–1000 m, über Kalkboden auf Gebirgsweiden und in lockerem Gebüsch. Blütezeit Juni bis August, je nach Höhenlage.

Himantoglossum hircinum
subsp. calcaratum

Orientalische Riemenzunge *Himantoglossum affine*
30–60 cm hoch. Blätter 7–9, breit lanzettlich; Tragblätter die Fruchtknoten überragend. Blütenstand locker mit 10–30 Blüten. Blüten meist grünlich-weiß und braun; Lippe mit relativ kurzem, 2–4 cm langem Mittellappen, dieser an der Spitze wenig eingeschnitten, Seitenlappen sehr kurz, stumpf, manchmal fehlend; Lippe am Grund nicht gefleckt; Sporn 3–6 mm lang.
Eine seltene und nur lokal verbreitete Art, die aus der westlichen und südlichen Türkei, dem Libanon, Syrien, dem Irak und Iran bekannt ist. Auf Kalkböden in Nadel- oder Eichenwäldern, auch auf buschigen Weiden. Eine gefährdete Art! Blütezeit Mitte Mai bis Juli.

Himantoglossum affine

Kaukasische Riemenzunge *Himantoglossum formosum*
50–70 cm hoch. Blätter 6–8, breit lanzettlich; Tragblätter länger als die Fruchtknoten. Blütenstand mäßig locker, mit 15–30 Blüten. Lippe relativ kurz, 15–20 mm lang, Mittellappen ausgerandet, Seitenlappen stark reduziert; Blüten grünlich-weiß, Sepalen braun bis rotbraun gestreift, Lippe weißlich und olivbraun berandet; Sporn schlank, 9–10 mm lang.
Eine seltene Art, von der wenig bekannt ist. Das Verbreitungsgebiet umfaßt die östlichen Teile des Kaukasus und Transkaukasiens. Über Kalkböden in Bergwäldern und Gebüschen. Blütezeit Mai bis Juni.

Himantoglossum formosum

Mastorchis *Barlia*

Ausdauernd, 30–80 cm hoch. Knollen groß, eiförmig, ungeteilt. Eine große, mastige Orchidee mit breiten Laubblättern und langen Tragblättern. Blütenähre dicht und zylindrisch. Seitliche Sepalen spreizend, mittleres Sepalum und die seitlichen Petalen zusammenneigend und einen nicht ganz geschlossenen Helm bildend; Lippe dreilappig, die Seitenlappen breit und sichelförmig gebogen, der Mittellappen in 2 breite Zipfel gespalten; Sporn kurz, konisch, nach unten weisend, 3–6 mm lang.

Die einzige Art dieser monotypischen Gattung ist mediterran verbreitet. Sie ist eine der am frühesten blühenden Orchideen, die man zuweilen schon im Dezember antreffen kann.

Mastorchis *Barlia robertiana*

Blätter etwas fleischig, groß, bis 25 cm lang und 10 cm breit; Tragblätter etwa doppelt so lang wie die Fruchtknoten. Blüten von verschiedener Färbung, grünlich bis rötlich oder bräunlich; Innenseite der Sepalen mit roten Flecken; zentraler Teil der Lippe heller, meist weißlich, mit roten Flecken oder roter Felderung. Die Blüten besitzen einen Iris-artigen Duft.

Eine weitverbreitete mediterrane Art, nach Osten bis in die Südtürkei. Im Westen reicht das Areal über das Mediterrangebiet bis nach Portugal und zu den Kanarischen Inseln hinaus. Auf neutralen und basischen Böden an trockenen Standorten in Wäldern, Gebüschen, Macchien und Rasen. Blütezeit Ende Dezember bis Anfang April.

Variante

Barlia robertiana

Pyramidenorchis *Anacamptis*

Ausdauernd, 20–60 cm hoch. Knollen 2, eiförmig bis fast kugelig. Blätter schmal, zugespitzt; Tragblätter häutig, klein, unauffällig. Blütenstand reichblütig, konisch, mit auffallend dicht gedrängten Blüten. Seitliche Sepalen spreizend, mittleres Sepalum und seitliche Petalen zusammenneigend und einen Helm bildend; Lippe tief dreilappig, mit 2 Längsleisten am Grund; Sporn sehr lang, dünn, leicht gebogen. Säule kurz.
Die einzige Art ist weit verbreitet in fast ganz Europa und in angrenzenden Teilen Asiens und Afrikas.

Pyramidenorchis *Anacamptis pyramidalis*
Eine schlanke Pflanze mit 5–8 linealischen bis lanzettlichen, ungefleckten Blättern. Blütenstand 2–8 cm lang, anfangs konisch, später etwas verlängert, eiförmig. Blüten blaß- bis dunkelrosa; obere Perianthblätter etwa gleich lang, 4–6 mm, Lippe 6–8 mm lang; Sporn nach unten weisend, 12–14 mm lang, meist länger als der Fruchtknoten.
Fehlt in Europa nur in den borealen und arktischen Gebieten, kommt außerdem in Nordafrika und in Südwestasien ostwärts bis zum Kaukasus vor. Hauptsächlich auf Kalkböden in trockenen Wiesen, auch in Dünen, in den Alpen bis 2000 m hoch ansteigend. Blütezeit Ende März bis Anfang Juli, je nach Höhenlage und geographischer Breite.
Die Art ist in ihrem Aussehen veränderlich. Pflanzen von kleinerer Statur mit kürzeren Ähren und blaßrosa Blüten von Bergweiden des östlichen Mediterrangebietes wurden als var. *brachystachys* beschrieben. Die var. *tanayensis* umfaßt Pflanzen aus den höheren Lagen der Alpen, die sich durch dunkel gefärbte Blüten und kürzere Sporne auszeichnen.

Keuschorchis *Neotinea*

Ausdauernd, 10–30 cm hoch. Knollen 2, eiförmig, ungeteilt. Blätter 3–7, blaugrün bis rötlich, gefleckt oder ungefleckt. Blütenähre dicht, 2–6 cm lang, mit zahlreichen kleinen, etwa 7 mm langen Blüten. Obere Perianthblätter etwa gleich lang, 3–4 mm, zusammenneigend und einen Helm bildend, Sepalen und seitliche Petalen am Grund verwachsen; Lippe dreilappig, kaum länger als die übrigen Perianthblätter; Sporn sehr kurz, etwa 2 mm lang, nach unten weisend. Narbenlappen V-förmig, am Grund genähert und an der Spitze spreizend.
Die monotypische Gattung ist im Mediterrangebiet und im atlantischen Europa verbreitet. Sie ist mit *Orchis* nah verwandt.

Keuschorchis *Neotinea maculata*
Untere Blätter rosettig gehäuft, breit lanzettlich, abstehend, die oberen kleiner und aufrecht. Tragblätter kürzer als die Fruchtknoten, weißlich. Blütenfarbe schmutzigrosa bis gelblich oder grünlich-weiß; Lippe flach, Mittellappen an der Spitze gezähnt. Blüten mit zartem Vanillegeruch.
Von Westirland, Madeira und den Kanarischen Inseln durch das ganze küstennahe Mediterrangebiet verbreitet. Auf schwach sauren bis basischen Böden in Wäldern, Macchien und steinigem Grasland. Blütezeit März bis Mai.

Anacamptis pyramidalis, »brachystachys«

Neotinea maculata

Anacamptis pyramidalis

Neotinea maculata, gefleckblättrig

Knabenkraut *Orchis*

Ausdauernd, 10–80 (–130) cm hoch. Knollen meist 2, auch 3, rundlich bis eiförmig, ungeteilt. Blätter von variabler Form, mit oder ohne Flecken; Tragblätter dünn, häutig. Entweder alle oberen Perianthblätter zusammenneigend und einen Helm bildend oder die beiden seitlichen Sepalen spreizend bis zurückgeschlagen; Lippe verschieden gestaltet, ungeteilt oder dreilappig mit gespaltenem oder nicht gespaltenem Mittellappen; Sporn vorhanden.
Die im Aussehen ähnliche und früher zu *Orchis* gerechnete Gattung *Dactylorhiza* unterscheidet sich durch handförmig geteilte Knollen und dickere, laubblattartige Tragblätter.
Wohl die bekannteste Gruppe der heimischen Orchideen, die in Europa mit über 30 Arten und Unterarten vertreten ist. Insgesamt ist die Gattung von der arktischen bis zur meridionalen Zone Eurasiens verbreitet und erreicht gerade noch den afrikanischen (Nordküste) und den nordamerikanischen Kontinent (Alaska).

Wanzen-Knabenkraut *Orchis coriophora*
15–45 cm hoch. 5–6 flächig entwickelte Blätter in der unteren Stengelhälfte, lanzettlich, gefaltet, obere Blätter scheidig den Stengel umfassend; Tragblätter etwa so lang wie die Fruchtknoten. Blütenstand eine ziemlich dichte zylindrische Ähre. Sepalen und seitliche Petalen zusammenneigend und einen Helm mit schnabelförmigem Fortsatz bildend; Lippe dreilappig, leicht einwärts gekrümmt, am Grund gefleckt, Mittellappen nur wenig länger als die Seitenlappen, alle 3 Lappen ungeteilt; Sporn kürzer als der Fruchtknoten, nach unten weisend; Blüten braunrot, manchmal heller gefärbt, mehr rötlich oder grünlich, mit einem aufdringlichen Geruch nach zerquetschten Wanzen.
Die Art umfaßt 2 geographische Rassen. Die obige Beschreibung bezieht sich auf die nördliche subsp. *coriophora*. Deren Verbreitungsgebiet reicht von Frankreich und Belgien über Süddeutschland, die Alpenländer, Polen, Tschechoslowakei, Ungarn und Jugoslawien bis nach Rußland. Wächst in feuchten Wiesen auf meist schwach sauren Böden. Diese Unterart wird durch die intensive Bewirtschaftung des Grünlandes mehr und mehr zurückgedrängt und ist gebietsweise schon ausgerottet. Blütezeit Ende April bis Juni.
Die subsp. *fragrans* unterscheidet sich durch einen längeren Mittellappen der Lippe und insgesamt blasser gefärbte Blüten, bei denen rosa bis rote und auch grünliche Farbtöne vorherrschen. Die Blüten riechen angenehmer. Die Unterart schließt südlich an die subsp. *coriophora* an; sie ist aus fast dem gesamten Mediterrangebiet sowie von der Krim und aus dem Kaukasus nachgewiesen. Dort, wo sich die Areale der beiden Unterarten berühren, sind Übergangsformen nicht selten. Die subsp. *fragrans* wächst sowohl in feuchten Wiesen als auch an trockeneren Standorten wie z. B. Macchien. Blütezeit April bis Anfang Juni.

Heiliges Knabenkraut *Orchis sancta*
15–45 cm hoch, ähnlich der *O. coriophora* im Habitus. Blätter 5–7, linealisch bis lanzettlich; Tragblätter so lang wie oder länger als die Fruchtknoten. Blütenstand lockerer und Blüten größer als bei *O. coriophora*, Blütenfarbe blaßrosa bis leuchtend rot. Helm lang zugespitzt; Lippe dreilappig, ohne Flecken, die Seitenlappen stark gezähnt, der Mittellappen ungeteilt; Sporn etwa so lang wie der Fruchtknoten, hakenförmig nach vorn gekrümmt.
Verbreitet im östlichen Mittelmeergebiet von den Ägäischen Inseln bis nach Palästina. Die Art wächst auf Kalkböden in trockenen Wiesen, Macchien und auf Ödland. Blütezeit April.

Orchis coriophora
subsp. *coriophora*

subsp. *fragrans*

Orchis sancta

Brand-Knabenkraut *Orchis ustulata*
10–35 cm hoch. Blätter 5–7, breit lanzettlich, ungefleckt; Tragblätter meist kürzer als die Fruchtknoten. Blütenstand dicht, zuerst eiförmig, später verlängert, zylindrisch. Knospen dunkel braunrot (Außenseite des Helms!), der junge Blütenstand daher wie verbrannt aussehend. Blüten sehr klein. Sepalen und seitliche Petalen einen Helm bildend, 3–3,5 mm lang; Lippe dreilappig, Seitenlappen nach außen spreizend, der Mittellappen tief zweispaltig; Lippe weiß mit wenigen roten Tupfen; Sporn nach unten weisend, kaum halb so lang wie der Fruchtknoten; Blüten schwach duftend.
Weit verbreitet im gemäßigten Europa, fehlt im kalten Norden und im warmen Süden, von Nordspanien und England bis nach Rußland, vereinzelt auch im Kaukasus. Vorwiegend auf basischen Böden in verschiedenen Rasen- und Wiesengesellschaften, steigt bis in die subalpine Stufe (2000 m). Blütezeit April bis August, je nach Höhenlage und geographischer Breite.

Dreizähniges Knabenkraut *Orchis tridentata*
15–45 cm hoch. Blätter 6–8, länglich lanzettlich, blaugrün bis graugrün, ungefleckt; Tragblätter halb bis so lang wie die Fruchtknoten. Blütenstand dicht, zuerst konisch, später etwas verlängert, eiförmig. Sepalen und seitliche Petalen einen Helm bildend, die Sepalen spitz bis lang zugespitzt, bis 12 mm lang; Lippe dreilappig, Seitenlappen spreizend, Mittellappen mit 2 breiten Zipfeln und einem kleinen Zahn in der Mitte; Sporn so lang wie der Fruchtknoten, nach unten weisend; Blütenfarbe variabel, hellrot, violett, fliederfarben, Helm dunkler gestreift, Lippe mit rosa bis violetten Tupfen; Blüten wohlriechend.
West-, Mittel- und Südeuropa, Kleinasien und Kaukasus, Nordafrika. Von Meereshöhe bis 1500 m auf Wiesen, in lichten Wäldern und Macchien. Blütezeit April bis Juni.
Pflanzen aus dem südlichen Teil des Verbreitungsgebietes sind oft schlanker, haben weniger dichte Ähren und längere, mehr zugespitzte Sepalen. Sie werden als var. *commutata* bezeichnet.

Milchweißes Knabenkraut *Orchis lactea*
7–20 cm hoch. Blätter 6–8, eiförmig-lanzettlich, lichtgrün, ungefleckt oder wenig gefleckt; Tragblätter etwa so lang wie die Fruchtknoten. Blütenstand etwas gestreckt. Sepalen in lange Spitzen ausgezogen, zusammen mit den seitlichen Petalen einen Helm bildend; Lippe dreilappig, Mittellappen ungeteilt oder nur wenig eingeschnitten; Grundfarbe der Blüten blaßrosa, cremefarben bis weiß, Sepalen manchmal mit grünlichen oder rötlichen Streifen, Lippe mit oder ohne rote Punkte.
Weit verbreitet, aber nur lokal im ganzen Mediterrangebiet. Auf trockenen Wiesen und in Macchien. Blütezeit Februar bis Anfang April.
Die Art ist variabel und scheint systematisch noch nicht völlig geklärt zu sein. Sie steht *O. tridentata* nahe und unterscheidet sich vor allem durch den niedrigeren Wuchs, den gestreckteren Blütenstand, die hellere Blütenfarbe und die frühere Blütezeit.

Orchis ustulata   *Orchis tridentata*   *Orchis lactea*

Punktiertes Knabenkraut *Orchis punctulata*
25–70 cm hoch, kräftige Pflanze. Blätter 7–10, breit lanzettlich, die oberen den Stengel scheidig umfassend, ungefleckt; Tragblätter klein, maximal ein Drittel so lang wie die Fruchtknoten. Blütenstand ziemlich dicht, zylindrisch, vielblütig, Blüten von unten nach oben aufblühend. Sepalen und seitliche Petalen zusammenneigend, einen nicht ganz geschlossenen Helm bildend; Lippe dreilappig, Seitenlappen sichelförmig, Mittellappen tief geteilt mit spreizenden Zipfeln und einem zahnförmigen Anhängsel in der Mitte; Sporn bis halb so lang wie der Fruchtknoten, nach unten weisend; Blüten gelblichgrün, Innenseite der Sepalen und Lippe am Grund mit roten Tupfen, die 4 Zipfel der Lippe oft braunrot überlaufen.
Selten und lokal verbreitet auf der östlichen Balkanhalbinsel, Zypern, in der Türkei, der Krim, dem Kaukasus und Persien. Wächst in verschiedenen Wald- und Waldsaumgesellschaften. Blütezeit März bis Mai.
Kräftige Pflanzen dieser Art wurden vielfach mit einem eigenen Namen belegt und abgetrennt (*O. sepulchralis*). Dafür gibt es keine Veranlassung.

Galiläisches Knabenkraut *Orchis galilaea*
15–35 cm hoch. Blätter 5–8, lanzettlich, ungefleckt; Tragblätter sehr klein, bis ein Viertel so lang wie die Fruchtknoten. Blütenstand locker, zylindrisch, von oben nach unten aufblühend. Sepalen und seitliche Petalen zusammenneigend und einen Helm bildend; Lippe dreilappig, Seitenlappen sichelförmig, Mittellappen tief zweigabelig; Blüten gelb oder grünlich-gelb, Sepalen mit oder ohne rote Nervatur, Lippe am Grund rot gefleckt, manchmal die 4 Zipfel an der Spitze rot gefärbt; Sporn kurz, etwa ein Viertel so lang wie der Fruchtknoten, nach unten weisend. Unterscheidet sich von der ähnlichen *O. punctulata* durch die Blühfolge.
Eine ziemlich seltene Orchidee mit einem engbegrenzten Verbreitungsgebiet; Libanon, Israel und Syrien. Wächst an Feldrainen, in Olivenhainen und steinigen Rasen über Kalk. Blütezeit Februar bis Anfang April.

Orchis punctulata   *Orchis galilaea*

Helm-Knabenkraut *Orchis militaris*
20–60 cm hoch. Blätter 7–10, breit lanzettlich, ungefleckt, die oberen scheidig; Tragblätter klein, schuppenförmig, bis ein Drittel so lang wie die Fruchtknoten. Blütenstand mäßig dicht, vielblütig, Ähre zunächst eiförmig, dann gestreckt, zylindrisch. Sepalen und seitliche Petalen zusammenneigend, einen zugespitzten Helm bildend; Lippe dreilappig, Seitenlappen schmal, mehr oder weniger gebogen, Mittellappen an der Spitze geteilt mit zwei lanzettlichen Zipfeln und einem Zahn in der Mitte; Sporn etwa halb so lang wie der Fruchtknoten, nach unten weisend; Helm rosa, Lippe hellrot mit kräftigen dunkelroten Flecken.
Verbreitet in der temperaten und submeridionalen Zone Eurasiens von Westeuropa bis Mittelasien, fehlt in Nordeuropa und im Mediterrangebiet. In naturnahen Wiesen, lichten Wäldern und Gebüschen auf basischen Böden. Blütezeit April bis Juni.
Im Kaukasus und der angrenzenden Nordosttürkei (euxinisches Florengebiet) wächst eine der *O. militaris* ähnliche Art, die als *O. steveni* beschrieben wurde. Ihr systematischer Status ist noch etwas unklar, da die Art selten gefunden wurde. Sie ist charakterisiert durch größere Sepalen und Lippen. Auch scheint sie feuchtere Standorte als *O. militaris* zu bevorzugen.

Purpur-Knabenkraut *Orchis purpurea*
25–80 cm hoch, robuste Pflanze. Blätter 6–10, breit lanzettlich bis eiförmig, glänzend, ungefleckt, die oberen scheidig den Stengel umgreifend; Tragblätter kurz, bis halb so lang wie die Fruchtknoten. Sepalen und seitliche Petalen zusammenneigend und einen rundlichen Helm bildend; Lippe dreilappig, Seitenlappen schmal und schlank, der Mittellappen sehr breit, rundlich, vorne eingeschnitten und mit einem kurzen Zahn, die Zipfel am Rand oft gekerbt-gezähnt; Helm braunrot bis fast schwärzlich oder rosa und dicht dunkel punktiert, Lippe weiß bis rosa mit roten Punkten. Von *O. militaris* durch den dunklen Helm und die breite Lippe unterschieden. Wenn beide Arten benachbart wachsen, treten häufig Bastarde auf.
Das geschlossene Verbreitungsgebiet umfaßt West- und das südliche Mitteleuropa, Italien und die nördliche Balkanhalbinsel mit Ausstrahlungen nach Nordafrika, Spanien, Südengland, Dänemark und in Südwestasien bis zum Kaukasus. Höhenverbreitung von Meeresniveau bis 700 m, im Mittelmeergebiet nur in Berglagen. Wächst auf trockenen Wiesen, in Wäldern, gern in Buchenwäldern, in Gebüsch und Macchie auf Kalkböden. Blütezeit April bis Juni.

Affen-Knabenkraut *Orchis simia*
20–45 cm hoch. Blätter 5–7, breit lanzettlich, ungefleckt; Tragblätter kurz, maximal halb so lang wie die Fruchtknoten. Blütenstand kurz und relativ dicht, von oben nach unten aufblühend. Sepalen und seitliche Petalen zusammenneigend und einen zugespitzten Helm bildend; Lippe dreilappig, Seitenlappen linealisch, Mittellappen tief geteilt mit 2 linealischen Zipfeln und einem verlängerten Zahn in der Mitte, alle 4 Zipfel der Lippe stumpf, gebogen und gerollt; Sporn etwa halb so lang wie der Fruchtknoten, nach unten weisend; Helm meist silbrig-rosa, auch hellviolett, Lippe weiß, fein gepunktet, die Zipfel ganz oder an den Enden dunkelrot gefärbt. Von *O. italica* durch die glatten Blätter und die Blühfolge unterschieden, von *O. militaris* unter anderem durch die Färbung und Form der Lippe.
Das Verbreitungsgebiet deckt sich auffällig mit dem der *O. purpurea*, zeigt aber einen weiter nach Süden verschobenen Schwerpunkt. Die Hauptvorkommen liegen in Frankreich, Italien und auf der Balkanhalbinsel; Vorposten finden sich in Südengland, in Deutschland im Saarland und am Kaiserstuhl; nach Osten reicht die Art durch Südwestasien bis Turkmenistan. Wächst in trockenen und feuchten Wiesen, in lichten Wäldern und Macchien auf basischen Böden. Blütezeit Ende März bis Anfang Juni im Norden.

Italienisches Knabenkraut *Orchis italica*
20–40 cm hoch. Blätter 7–10, breit lanzettlich, mit gewelltem Rand, die oberen scheidig und stengelumfassend, gefleckt oder ungefleckt; Tragblätter kurz, höchstens ein Drittel so lang wie die Fruchtknoten. Blütenstand mäßig dicht, eiförmig, Blühfolge von unten nach oben. Sepalen und seitliche Petalen zusammenneigend, einen zugespitzten Helm bildend; Lippe dreilappig, Seitenlappen linealisch, Mittellappen tief geteilt mit 2 linealischen Zipfeln und einem verlängerten Zahn in der Mitte, alle 4 Zipfel der Lippe spitz und mehr oder weniger flach; Sporn etwa halb so lang wie der Fruchtknoten, nach unten weisend; Helm rosa bis rot, machmal dunkler gestreift, Lippe weiß bis rosa mit roten Flecken.
Eine häufige Art im gesamten Mediterrangebiet, auch in Portugal. Auf trockenen Wiesen, in lichten Wäldern und Macchien, vorwiegend auf Kalkböden. Blütezeit März und April.

Orchis simia

Orchis italica

Salep-Knabenkraut, Kleines Knabenkraut *Orchis morio*
10–30 cm hoch. Knollen 2, fast sitzend. Blätter 5–9, lanzettlich, ungefleckt, die unteren rosettig genähert; Tragblätter etwas kürzer bis etwas länger als die Fruchtknoten, rötlich. Blütenstand meist relativ dicht, 5- bis 12-blütig. Sepalen und seitliche Petalen zusammenneigend, einen lockeren und rundlichen Helm bildend, 8–10 mm lang; Lippe dreilappig, breiter als lang, flach bis wenig gefaltet, Mittellappen an der Spitze ausgerandet und ohne Zahn in der Mitte; Sporn etwas kürzer als der Fruchtknoten, stumpf und am Ende nicht verbreitert, waagrecht oder nach oben gebogen. Blütenfarbe variabel, dunkelpurpurn bis weißlich, seitliche Sepalen grün gestreift, Lippe im Zentrum dunkel getupft.

Eine vielgestaltige Art, die sich in mehrere geographische Rassen gliedern läßt. Die Unterart mit nördlichem Schwerpunkt, subsp. *morio,* ist in weiten Teilen Europas verbreitet; sie fehlt in Mittel- und Nordskandinavien und im östlichen Rußland. Wächst auf Weideland, in lichten Wäldern und in Macchien auf basischen bis schwach sauren Böden. In Mitteleuropa ist die Art heute vielerorts wegen der Düngung der Wiesen selten geworden. Blütezeit März bis Juni.

Die subsp. *picta* ist kleinerblütig mit 6–8 mm langen Sepalen, besitzt Sporne etwa von gleicher Länge wie die Fruchtknoten und mehr aufgelockerte Blütenstände. Das Verbreitungsgebiet schließt nach Süden an das der subsp. *morio* an und reicht von Marokko und Spanien durch das Mediterrangebiet bis zum Kaukasus. Die Unterschiede zur subsp. *morio* sind allerdings gering und schwer beschreibbar, weshalb die Eigenständigkeit der subsp. *picta* überhaupt bezweifelt wird.

Die subsp. *champagneuxii* ist gut charakterisiert durch die stark gefaltete und meist nicht punktierte Lippe, durch den am Ende keulig verdickten Sporn und durch die 3 Knollen, von denen 2 an Ausläufern sitzen. Die Pflanzen treten oft in Trupps auf. Die Unterart ist von Marokko, Spanien und Südfrankreich bekannt.

Die subsp. *libani* löst die subsp. *morio* im Südosten ab und steht dieser nahe. Es handelt sich um kleine, zierliche Pflanzen mit relativ hellen Helmen und weißen, ungefleckten Lippen. Verbreitet auf Zypern, in der Südtürkei und im Libanon.

Schmetterlings-Knabenkraut *Orchis papilionacea*
15–40 cm hoch. Blätter 6–9, lanzettlich, ungefleckt; Tragblätter länger als die Fruchtknoten. Blütenstand locker, 3- bis 8-blütig. Sepalen und seitliche Petalen etwas zusammenneigend und einen lockeren, nicht geschlossenen, 10–18 mm langen Helm bildend; Lippe ungeteilt, fächerförmig, mit gezähntem bis gebuchtetem Rand, 12–25 mm lang und breit; Sporn halb so lang wie der Fruchtknoten, nach unten weisend; Blüten weiß bis rosa oder rot mit dunklen roten Längsstreifen.
Verbreitet im ganzen Mittelmeergebiet sowie in Bulgarien, Rumänien und im Kaukasus. Wächst in Macchien, Olivenhainen, lichten Wäldern und trockenen Wiesen auf basischen bis schwach sauren Böden. Blütezeit März bis Mai.
Eine bisher nur aus Transkaukasien bekannte kleinblütige Rasse, subsp. *bruhnsiana,* hat 8–10 mm lange, stumpfe Sepalen und spatelige, bis 12 mm lange und 7 mm breite Lippen. Der systematische Status dieser Pflanzen ist noch ungeklärt. Relativ kleinblütige Pflanzen gibt es auch weiter westlich, z. B. in Italien.

Langsporniges Knabenkraut *Orchis longicornu*
10–35 cm hoch. Blätter 6–8, lanzettlich, ungefleckt; Tragblätter etwa so lang wie die Fruchtknoten. Blütenstand locker, 5- bis 10-blütig. Sepalen und seitliche Petalen zusammenneigend, einen lockeren Helm bildend; Lippe dreilappig, die Seitenlappen länger als der Mittellappen, nach unten gebogen; Sporn so lang wie der Fruchtknoten, nach oben gebogen und am Ende verdickt, viel länger als die Lippe; Helm rosa bis purpurrot, zentraler Teil der Lippe weiß mit dunkelroten Tupfen, die Seitenlappen tief purpurn.
Verbreitet im westlichen Mediterrangebiet und Portugal, ostwärts bis zur Apenninenhalbinsel. Auf trockenen Wiesen, in lichten Wäldern und Macchien. Blütezeit Februar bis April.

Orchis papilionacea

Orchis longicornu

Sacksporniges Knabenkraut *Orchis collina*
15–35 cm hoch. Blätter 4–6, breit lanzettlich, normalerweise ungefleckt; Tragblätter etwas länger als die Fruchtknoten. Blütenstand eine schmale, lockere Ähre von 2–15 Blüten. Seitliche Sepalen aufrecht oder nach hinten gerichtet, mittleres Sepalum und seitliche Petalen nach vorn gerichtet und einen Helm bildend; Lippe ungeteilt, fächerförmig, mit gewelltem Rand; Sporn kurz, sackförmig-konisch, nach unten weisend; Blüten braunpurpurn, die Sepalen auf der Innenseite oft dunkelolivgrün, Sporn und Grund der Lippe weißlich bis rosa, selten die ganze Lippe hell gefärbt, weißlich, grünlich oder rosa.
Eine nicht häufige und nur lokal verbreitete Orchidee des Mittelmeergebietes, nach Osten bis zum Kaukasus, nach Persien und Turkestan reichend. Auf Kalkböden in trockenen Wiesen, Macchien und lichten Wäldern. Blütezeit Februar bis April.
In die Verwandtschaft der *O. collina* werden zuweilen 2 außereuropäische Arten gerechnet, die bisher wenig bekannt sind. *O. chlorotica* (Transkaukasien) hat grünlichgelb gefärbte Lippen und einen Helm, der von allen oberen Perianthblättern gebildet wird. *O. cyrenaica* (Libyen) hat seicht dreilappige, rote Lippen und konische Sporne, die so lang wie die Fruchtknoten sind. Der Status beider Arten bleibt zu klären.

Atlas-Knabenkraut *Orchis patens*
20–50 cm hoch. Blätter 5–8, breit lanzettlich bis linealisch, gefleckt oder ungefleckt; Tragblätter kürzer als oder so lang wie die Fruchtknoten. Blütenstand locker, bis 30-blütig. Seitliche Sepalen ausgebreitet nach oben stehend, mittleres Sepalum und seitliche Petalen zusammenneigend; Lippe dreilappig mit ausgerandetem Mittellappen; Sporn variabel, sackförmig-konisch bis breit zylindrisch, spitz, nach unten weisend, etwa halb so lang wie der Fruchtknoten; Blütengrundfarbe rosa bis dunkelviolett, Sepalen auf der Innenseite mit großem, grünem Fleck und roten Tupfen, Lippe im Zentrum weißlich, dunkelrot gepunktet.
Eine seltene Art des westlichen Mediterrangebietes, die am häufigsten in den Bergen Algeriens zu finden ist; außerdem belegt aus Tunesien, Ligurien und von den Balearen; ein weit nach Osten abgesetztes Vorkommen findet sich auf Kreta (von dort als subsp. *nitidifolia* beschrieben). Wächst über Kalk auf Bergwiesen bis etwa 1600 m, in lichten Wäldern und Macchien. Blütezeit März bis Mai.

Spitzels Knabenkraut *Orchis spitzelii*
15–50 cm hoch. Blätter 2–8, lanzettlich bis breit lanzettlich, ungefleckt; Tragblätter etwa so lang wie die Fruchtknoten. Blütenstand eine relativ dichte Ähre, eiförmig bis kurz-zylindrisch, 5- bis 18-blütig. Seitliche Sepalen kaum spreizend, nach innen gekrümmt bis schräg abstehend, mittleres Sepalum und seitliche Petalen zusammenneigend; Lippe dreilappig, der Mittellappen ungeteilt bis wenig eingeschnitten, am Grund mit zwei deutlichen Leisten; Sporn zylindrisch bis etwas konisch, weniger als halb bis fast so lang wie der Fruchtknoten, nach unten weisend; Sepalen außen rötlich- bis grünlich-braun, auf der Innenseite grünlich mit roten bis braunen Punkten, Lippe rosa bis dunkelrot mit dunklen roten Punkten. Die Art ist mit *O. patens* nah verwandt, unterscheidet sich durch den längeren Sporn, die mehr zusammenneigenden und auf der Innenseite nicht rot umrandeten Sepalen.
Die Art ist weit, jedoch sehr lückenhaft verbreitet; die einzelnen Vorkommen sind durch große Zwischenräume getrennt. Diese disjunkte Verbreitung läßt auf eine relativ alte Entstehung schließen, und die heutigen Vorkommen sind als Relikte zu deuten. Sie wurde gefunden in Algerien, Spanien (im Südosten gehäuft), den französischen Westalpen, den italienischen Südalpen und österreichischen Ostalpen (heute nahezu ausgestorben), auf der Insel Gotland, in Jugoslawien, Bulgarien, Griechenland, der Türkei, auf der Krim und im Kaukasus. Auf Bergwiesen und in lichten Kiefernwäldern bis 1800 m. Blütezeit April bis Juli, je nach Höhenlage.

Kanaren-Knabenkraut *Orchis canariensis*
15–35 cm hoch. Blätter 5–7, lanzettlich, ungefleckt; Tragblätter etwas länger als die Fruchtknoten. Blütenstand ziemlich dicht, 10- bis 20-blütig. Seitliche Sepalen spreizend oder aufrecht, mittleres Sepalum und seitliche Petalen zusammenneigend; Lippe dreilappig; Sporn konisch-sackförmig, mehr oder weniger nach oben weisend, etwa halb so lang wie der Fruchtknoten; Grundfarbe der Blüten weißlich bis blaßrosa, Innenseite der Sepalen manchmal grünlich, aber ohne roten Flecken, Lippe mit dunkelrotem Muster.
Ein Endemit der Kanarischen Inseln. Wächst in Schluchten unter Gebüsch in ungestörtem Gelände in 800–1400 m Höhe auf schwach sauren Böden. Blütezeit Februar bis März.

Vierpunkt-Knabenkraut *Orchis quadripunctata*
10–30 cm hoch, von schlankem Wuchs. Blätter 6–8, lanzettlich, mit oder ohne Flecken; Tragblätter halb bis fast so lang wie die Fruchtknoten. Blütenstand eine gestreckte, lockere Ähre von 8–20 Blüten. Blüten sehr klein, alle Sepalen aufrecht, die seitlichen Petalen nach innen zusammenneigend; Lippe dreilappig; Sporn lang, fädig, mehr oder weniger nach unten weisend; Blüten rosa bis violettrosa, Grund der Lippe weiß, mit 2 oder 4 dunkelroten Punkten. Unterscheidet sich von *O. boryi* durch die Blühfolge.
Verbreitet im östlichen Mediterrangebiet westwärts bis Sizilien und Sardinien. An steinigen Abhängen, in trockenen Rasen und Macchien. Blütezeit April bis Mai.

Anatolisches Knabenkraut *Orchis anatolica*
10–25(–40) cm hoch. Blätter 5–8, lanzettlich, gefleckt; Tragblätter etwa halb so lang wie die Fruchtknoten. Blütenstand locker, 5- bis 8-blütig. Seitliche Sepalen aufrecht bis abstehend; Lippe dreilappig; Sporn schlank, sehr lang, vom breiten Eingang allmählich verschmälert, nach oben weisend; Blüten hell- bis dunkelpurpurn, im Zentrum der Lippe weißlich mit purpurnen Flecken.
Verbreitet im östlichen Mittelmeergebiet von den Ägäischen Inseln an ostwärts. Wächst in trockenem Grasland, Gebüsch und lichten Wäldern. Blütezeit März bis April.

Kretisches Knabenkraut *Orchis boryi*
15–45 cm hoch. Blätter 5–7, länglich-lanzettlich, ungefleckt; Tragblätter etwa halb so lang wie die Fruchtknoten. Blütenstand kurz, 3- bis 8-blütig, von oben nach unten aufblühend. Sepalen und seitliche Petalen leicht zusammenneigend, einen offenen Helm bildend; Lippe dreilappig, aber Seitenlappen zuweilen nur undeutlich; Sporn lang und schlank, waagrecht bis nach unten weisend; Blüten tief lilarot, Lippe blasser, mit 2 oder 4 dunkler roten Flecken.
Eine seltene Art von Südgriechenland und Kreta. Wächst in lockeren Macchien auf Kalk. Blütezeit April.

Orchis boryi

Orchis canariensis
Orchis quadripunctata
Variante
Orchis anatolica

Kuckucks-Knabenkraut, Stattliches Knabenkraut *Orchis mascula*
20–60 cm hoch. Blätter 7–11, breit lanzettlich, obere scheidig stengelumfassend, gefleckt, gestrichelt oder ungefleckt; Tragblätter kürzer als die Fruchtknoten. Blütenstand dicht, vielblütig. Seitliche Sepalen spreizend oder zurückgebogen, mittleres Sepalum und seitliche Petalen zusammenneigend, Sepalen stumpf bis kurz zugespitzt; Lippe dreilappig, Mittellappen ausgerandet, höchstens etwas länger als die Seitenlappen; Sporn kräftig, nach oben weisend bis waagrecht; Blüten hell- bis dunkelviolett, Lippe im Zentrum heller und rot punktiert; die Blüten riechen nach Katzenurin.
Eine in Europa und angrenzenden Gebieten weit verbreitete und ebenso vielgestaltige Art. Es werden mehrere Rassen unterschieden, jedoch ist die Systematik der Gruppe noch nicht restlos geklärt. Hier werden nur die 3 am besten bekannten Sippen im Bild vorgestellt. Dem üblichen Gebrauch folgend wurde ihnen der Status von Unterarten gegeben, doch können sie auch als Arten eingestuft werden.
Die subsp. *mascula*, auf die sich die obige Beschreibung bezieht, ist hauptsächlich in West-, Mittel- und Nordeuropa sowie in den höheren Lagen Südeuropas und in den Atlasländern verbreitet. Die Ostgrenze der Unterart ist unklar, da sie nicht immer von der folgenden unterschieden wurde. Die Standorte sind feuchte Weiden, lichte Wälder, Gebüsche und Halbtrockenrasen auf sauren bis basischen Böden. Blütezeit April bis Juli.
Die subsp. *signifera* ist vor allem durch die Sepalen charakterisiert, die in lange, gekrümmte Spitzen ausgezogen sind. Die Blätter sind ungefleckt, die Mittellappen der Lippe sind bis doppelt so lang wie die Seitenlappen. Die Unterart kommt im Südostteil des Artareals vor, vor allem in Ost- und Südosteuropa; im Westen bis zu den Südalpen.
Um eine westmediterrane Rasse handelt es sich bei der subsp. *olbiensis*. Die Pflanzen sind kleiner, bis 25 cm hoch, die Blütenstände kurz und dicht bis etwas aufgelockert; die Blütengrundfarbe ist hellrot bis weißlich; die Blüten besitzen lange Sporne, die länger als die Fruchtknoten sind, und an der Lippe nach unten geschlagene Seitenlappen. Die Unterart ist bekannt von Marokko, Algerien, Spanien, Südfrankreich und Ligurien sowie den Balearen und Korsika.
Erst vor kurzem wurde *O. hispanica* als eigene Art erkannt. Es sind schlanke Pflanzen mit lockeren Blütenständen und meist gefleckten Blättern; die Blüten sind hellrot, die Lippe ist meist nicht punktiert, an ihrer Basis finden sich 2 deutliche Leisten, im Mittelteil ist sie stark gewölbt; die seitlichen Sepalen sind aufrecht-abstehend, nicht zurückgeschlagen. Die Art kommt in Spanien sowie im angrenzenden Nordafrika und in den französischen Pyrenäen vor.
O. scopulorum ist ein Endemit der Insel Madeira. Die Art unterscheidet sich von *O. mascula* vor allem durch auffallend große Blüten, kurze und schmale Sporne (maximal halb so lang wie die Fruchtknoten) und aufrecht-abstehende seitliche Sepalen; Lippe dreilappig, über 15 mm lang, Blüten hellila, Lippe heller gefärbt und rot punktiert.
Eine südöstliche Rasse innerhalb des Formenkreises ist *O. pinetorum*. Die Pflanzen sind hochwüchsig, bis 60 cm, und besitzen eine lockere Blütenähre; die Blätter sind etwas über dem Boden rosettig genähert, eiförmig bis breit eiförmig, hellgrün, ungefleckt; die Blüten sind rosa bis purpurn gefärbt und auf der Lippe ungefleckt oder nur mit kleinen roten Punkten versehen; die seitlichen Sepalen sind aufrecht-abstehend, nicht zurückgeschlagen. Das Verbreitungsgebiet umfaßt Vorderasien und reicht ostwärts bis zum Kaukasus und Nordwestiran. Wächst in lichten Laub- und Nadelwäldern der mittleren Berglagen.
Unklar ist die Zuordnung von gefleckblättrigen Pflanzen in der Türkei. Ferner müssen die Pflanzen der Krim überprüft werden, die sich von der subsp. *mascula* durch ihre armblütigen, lockeren Blütenstände und eine etwas andere Blütenfarbe unterscheiden (subsp. *wanjkovii*).

subsp. *signifera*

subsp. *olbiensis*

Orchis mascula subsp. *mascula*

Bleiches Knabenkraut *Orchis pallens*

15–35 cm hoch. Blätter 7–9, breit lanzettlich, ungefleckt; Tragblätter so lang wie oder etwas länger als die Fruchtknoten. Blütenstand dicht. Seitliche Sepalen abstehend-aufrecht, mittleres Sepalum und seitliche Petalen zusammenneigend; Lippe dreilappig; Sporn kräftig, etwas kürzer als der Fruchtknoten, nach oben weisend bis horizontal; Blüten gelb oder selten rot, obere Perianthblätter blasser als die ungefleckte Lippe; Blüten nach Holunder duftend. Die ähnliche *Dactylorhiza sambucina* (S. 108) hat laubblattartige Tragblätter und einen nach unten weisenden Sporn.

Verbreitet in Mittel- und Südosteuropa, westwärts bis zu den Südwestalpen und dem Zentralapennin, ostwärts durch die Türkei bis zum Kaukasus reichend. Eine Orchidee der Bergländer, die in den Alpen bis fast 2000 m steigt. Wächst auf Bergwiesen und in Bergwäldern. Blütezeit April bis Juni.

Französisches Knabenkraut *Orchis provincialis*

15–35 cm hoch. Blätter 7–9, breit lanzettlich, normalerweise gefleckt; Tragblätter so lang wie die Fruchtknoten. Blütenstand locker bis ziemlich dicht, 7- bis 20-blütig. Mittleres Sepalum aufrecht, die seitlichen abstehend, seitliche Petalen zusammenneigend; Lippe dreilappig, 8–12 mm lang und breit; Sporn etwas länger als der Fruchtknoten, nach oben gekrümmt; Blüten blaßgelb, Lippe mit roten Flecken.

Verbreitet in Nordafrika, Südeuropa (nordwärts bis in die Südalpen), Südwestasien. Wächst auf Bergwiesen, in Macchien und Wäldern auf meist schwach sauren Böden. Blütezeit April bis Juni.

Armblütiges Knabenkraut *Orchis pauciflora*

10–30 cm hoch. Blätter 7–9, breit lanzettlich, ungefleckt oder selten wenig gefleckt; Tragblätter etwas kürzer bis länger als die Fruchtknoten. Blütenstand locker, wenigblütig, normalerweise mit 3–7 Blüten. Sepalen aufrecht oder zurückgebogen, seitliche Petalen zusammenneigend; Lippe dreilappig, 13–15 mm lang und breit, Mittellappen eingeschnitten; Sporn länger als der Fruchtknoten, nach oben gebogen; Blüten gelb, Lippe mit kleinen braunen Punkten.

Die Verbreitung ist noch nicht sicher bekannt, da die Art manchmal nicht von *O. provincialis* unterschieden wurde. Die Hauptvorkommen sind im östlichen Mediterrangebiet (Griechenland, Kreta, Jugoslawien); von dort strahlt sie über Süditalien und Sizilien bis nach Nordafrika aus. In trockenen Wiesen, lichten Wäldern und Macchien über Kalk. Blütezeit April bis Juni.

Die Art wird von manchen Autoren nur als Unterart der *O. provincialis* bewertet. Sie ist von dieser aber deutlich verschieden, sowohl morphologisch als auch ökologisch und geographisch. *O. pauciflora* besitzt lockere, armblütigere Blütenstände, intensiver gefärbte und größere Blüten mit kleiner gepunkteten Lippen und längere Sporne.

Orchis pallens   *Orchis provincialis*   *Orchis pauciflora*

Lockerblütiges Knabenkraut *Orchis laxiflora*
30–60 cm hoch. Blätter 6–9, lineal-lanzettlich, gefaltet, ungefleckt, am Stengel verteilt; Tragblätter kürzer bis so lang wie die Fruchtknoten. Blütenstand locker, 6- bis 20-blütig. Seitliche Sepalen aufrecht bis zurückgeschlagen, mittleres Sepalum schräg nach vorn gerichtet, seitliche Petalen zusammenneigend; Lippe dreilappig, die Seitenlappen länger als der Mittellappen und herabgeschlagen; Sporn meist halb so lang, manchmal fast so lang wie der Fruchtknoten, horizontal bis nach oben weisend, an der Spitze meist erweitert und ausgerandet; Blüten violettrot, selten heller violett bis rosa, zentraler Teil der Lippe weißlich, meist ungefleckt.
Verbreitet im ganzen Mittelmeergebiet sowie im atlantischen Westeuropa nordwärts bis zu den Kanalinseln. Wächst an feuchten bis nassen Stellen, vor allem in Wiesen, auch in Sümpfen und Dünensenken. Blütezeit Ende März bis Mai.

Sumpf-Knabenkraut *Orchis palustris*
20–130 cm hoch. Blätter 3–10, schmal bis breit lanzettlich, ungefleckt, am Stengel verteilt; Tragblätter kürzer bis viel länger als die Fruchtknoten. Blütenstand relativ dicht bis sehr locker. Stellung der Sepalen und seitlichen Petalen wie bei *O. laxiflora*; Lippe dreilappig, Mittellappen mindestens so lang wie die Seitenlappen, meist deutlich länger und eingeschnitten, oder Lippe zweilappig oder ungeteilt, seitliche Teile der Lippe nur wenig herabgeschlagen; Sporn meist nur wenig kürzer als der Fruchtknoten, nach oben weisend oder horizontal, an der Spitze nicht verdickt, abgerundet; Blüten hell- bis dunkelrot, Lippe im mittleren Teil heller und gefleckt.
Weit verbreitet und entsprechend variabel in den Merkmalen; in Europa mit Ausnahme des borealen und arktischen Nordens, relativ selten im mediterranen Gebiet, nordwärts bis Gotland; selten in Nordafrika, durch die Türkei und Persien bis nach Mittelasien. Wächst in nassen Wiesen, gern auch auf leicht salzhaltigen Böden. Blütezeit April bis Juli; blüht später als *O. laxiflora,* wo beide gemeinsam vorkommen.
Die Art ist außerordentlich vielgestaltig. Die Pflanzen Mitteleuropas (subsp. *palustris*) sind niedrigwüchsig, schmalblättrig (Blätter weniger als 1 cm breit) und hellblütig, ihre Lippe überwiegend dreilappig. Die Pflanzen Südosteuropas sind kräftiger, breitblättrig (Blätter bis 3 cm breit) und dunkelblütig; sie haben oft ungeteilte oder zweilappige Lippen und gebogene Sporne. Ihnen ähnlich sind Pflanzen aus dem Südwestteil des Verbreitungsgebietes mit ebenfalls sehr kräftigem Wuchs, aber immer dreilappigen Lippen und geraden Spornen *(O. robusta).* Die Pflanzen aus dem irano-turanischen Gebiet der Osttürkei, Persiens und Mittelasiens besitzen eine eigene Merkmalskombination, stehen aber der subsp. *elegans* relativ nahe.

Orchis laxiflora

Orchis palustris, »elegans«

Bartorchis *Comperia*

Ausdauernd, 15–55 cm hoch. Knollen 2, eiförmig oder elliptisch, ungeteilt. Blätter lanzettlich, ungefleckt; Tragblätter deutlich länger als die Fruchtknoten. Blütenstand zylindrisch, locker bis mäßig dicht. Alle oberen Perianthblätter zusammenneigend und einen Helm bildend, Sepalen am Grund verwachsen und mit zurückgekrümmten Spitzen; seitliche Petalen lanzettlich, mit 1–2 tiefen Zähnen auf jeder Seite; Lippe dreilappig, der Mittellappen zweigeteilt, alle 4 Zipfel in mindestens 2,5 cm lange Fortsätze ausgezogen; Sporn kaum kürzer als der Fruchtknoten, nach unten gebogen.
Comperia ist eine monotypische Gattung, deren einzige Art eine östliche Verbreitung hat. Manche Autoren vereinigen sie mit der Gattung *Orchis*, doch reichen die Unterschiede gut zur Abtrennung aus.

Bartorchis *Comperia comperiana*
Blätter 5–7, glänzend, die oberen scheidig den Stengel umschließend. Helm bräunlich bis grünlich-purpurn, Lippe blaßrosa, hellviolett oder weißlich, meist mit dunkleren Streifen, die Zipfel bräunlich-grünlich.
Eine seltene ostmediterrane Art, die von den ostägäischen Inseln Lesbos und Samos, aus West- und Südanatolien, dem Libanon, von der Krim und dem Westiran bekannt ist. Sie wächst in lichten Nadelwäldern in mittleren Gebirgslagen auf Kalkböden. Blütezeit April bis August, je nach Höhenlage.

Kappenorchis *Steveniella*

Ausdauernd, 15–40 cm hoch. Knollen 2, kugelrund bis ellipsoidisch, ungeteilt. Gegen den Grund des Stengels 1 einzelnes, lanzettliches und abstehendes Blatt, darüber 2 scheidige, den Stengel umfassende Blätter; Tragblätter viel kürzer als die Fruchtknoten. Blütenstand mäßig dicht, 7- bis 20-blütig. Sepalen miteinander verwachsen, eine vorn dreizähnige Kappe bildend; seitliche Petalen sehr klein oder fehlend; Lippe dreilappig, Mittellappen ungeteilt und länger als die Seitenlappen; Sporn kurz, bis 2,5 mm lang, konisch-sackförmig, zweispaltig.
Die Gattung enthält eine Art mit östlicher Verbreitung.

Kappenorchis *Steveniella satyroides*
Blatt normalerweise braunrot überlaufen. Blüten verschiedenfarbig, schmutziggrün, gelblich-grün oder rötlich-braun, Lippe am Grund purpurbraun.
Eine ebenfalls relativ seltene Art des euxinischen Florengebietes; Vorkommen auf der Krim, im Kaukasusgebiet, der Nordtürkei und in Nordpersien. Wächst in Bergweiden, Gebüschen und lichten Wäldern. Blütezeit April bis Mai.

Comperia comperiana *Steveniella satyroides*

Knabenkraut *Dactylorhiza*

Ausdauernd, 10–125 cm hoch. Knollen 2, 2- bis 5-teilig. Blätter normalerweise lanzettlich, mit oder ohne Flecken; Tragblätter laubblattartig, oft länger als die Blüten. Seitliche Sepalen aufrecht, spreizend oder zurückgebogen, selten zusammenneigend; Lippe schräg nach vorn gerichtet oder leicht zurückgebogen, ungeteilt bis dreilappig; Sporn vorhanden.

Dactylorhiza unterscheidet sich von *Orchis* durch die geteilten Knollen und die laubblattartigen Tragblätter. Wegen der habituellen Ähnlichkeit wird für beide Gattungen derselbe deutsche Name benutzt. Es ist wenig sinnvoll, vom lange geübten Sprachgebrauch abzugehen und für *Dactylorhiza* einen deutschen Kunstnamen zu erfinden.

Iberisches Knabenkraut *Dactylorhiza iberica*

20–40 cm hoch, ohne Ausläufern. Knollen rübenförmig, ungeteilt oder an der Spitze wenig gespalten. Blätter 3–5, lineal-lanzettlich, ungefleckt. Blütenstand locker bis dicht. Alle oberen Perianthblätter zusammenneigend und einen Helm bildend (nur bei dieser Art in der Gattung!); Lippe dreilappig, selten ungeteilt; Sporn nach unten gebogen, etwa halb so lang wie der Fruchtknoten; Blüten rosa, Lippe dunkler getupft. Benannt nach Iberien, dem heutigen Georgien.

In Gebirgslagen oberhalb 800 m in Nordgriechenland, Zypern, der Türkei, dem Libanon, auf der Krim, im Kaukasus und Iran. Wächst in Sumpfwiesen. Blütezeit Mai bis August.

Holunder-Knabenkraut *Dactylorhiza sambucina*

10–30 cm hoch. Blätter 4–5, am Stengel verteilt, breit lanzettlich, ungefleckt; Tragblätter länger als die Fruchtknoten. Blütenstand dicht. Lippe schwach dreilappig; Sporn breit zylindrisch, so lang wie bis etwas länger als der Fruchtknoten, nach unten weisend; Blüten gelb oder dunkel orangerot bis purpurn, Lippe mit roten Punkten und Strichen.

Verbreitet in Europa von Südskandinavien an südwärts. Auf Bergwiesen und Waldlichtungen bis 2000 m ansteigend, meist gesellig. Blütezeit März bis Juni.

Römisches Knabenkraut *Dactylorhiza romana*

15–45 cm hoch. Blätter 5–12, die Mehrzahl am Grund des Stengels rosettig gehäuft, linealisch, ungefleckt. Blütenstand relativ locker. Sporn zylindrisch, meist länger als der Fruchtknoten, steil nach oben weisend oder gebogen; Lippe dreilappig, 8–15 mm breit, ohne Zeichnung; Blüten gelb oder hell- bis dunkelpurpurn.

Die subsp. *romana*, auf die sich die Beschreibung bezieht, ist in Südeuropa, Kleinasien und auf der Krim verbreitet. Wächst an buschigen Hängen, in Macchien und Nadelwäldern. Blütezeit März bis Juni.

Bei subsp. *siciliensis* ist der Sporn nur schwach nach oben weisend und kürzer als der Fruchtknoten; Lippe 9–13 mm breit. Verbreitet im westlichen Mittelmeergebiet von Süditalien bis Portugal, auch in Algerien und Marokko.

Ähnlich wie subsp. *siciliensis* in Spornform und -stellung, aber durch kleinere Blüten (Lippe 6–10 mm breit) gekennzeichnet ist subsp. *georgica*. Verbreitet im Kaukasus, Nordiran und der Nordosttürkei.

Insel-Knabenkraut *Dactylorhiza insularis* (Text S. 110)

Dactylorhiza iberica

Dactylorhiza insulenaris

Variante

Variante

Dactylorhiza sambucina

Dactylorhiza romana subsp. *romana*

Insel-Knabenkraut *Dactylorhiza insularis*
Pflanze von ähnlichem Wuchs wie *D. sambucina*, etwas schlanker und höher. Sporn zylindrisch, kürzer als der Fruchtknoten, horizontal abstehend; Blüten zitronengelb, Lippe einfarbig oder mit auffälliger roter Markierung (»*bartonii*«).
Verbreitet in Mittelitalien (Toskana), auf Korsika und Sardinien und in Spanien. Wächst an lichten Stellen in Laub- und Nadelwäldern und Gebüsch auf Silikatböden. Blütezeit Mai bis Juni.

Fleischfarbenes Knabenkraut, Steifblättriges Knabenkraut *Dactylorhiza incarnata*
15–40 (–70) cm hoch, Stengel hohl. Blätter 4–7, länglich lanzettlich, am Grund am breitesten, an der Spitze oft kapuzenförmig, ungefleckt, steil aufwärts gerichtet; Tragblätter meist etwas länger als die Blüten. Blütenstand dicht. Lippe klein, bis 7 mm breit und lang, ungeteilt oder schwach dreilappig; Sporn bis zwei Drittel so lang wie der Fruchtknoten, zylindrisch; Blüten rosa bis fleischfarben, selten rötlich-purpurn.
Verbreitet in weiten Teilen Europas und in der Nordtürkei, fehlt im hohen Norden und im Mediterrangebiet. Wächst auf Sumpfwiesen und in Mooren, in den Alpen bis 2100 m ansteigend. Blütezeit Mai bis Juli.
Die Art ist vielgestaltig. Um eine Farbvariante scheint es sich bei der subsp. *ochroleuca* zu handeln, die gelblich-weiße Blüten mit ungezeichneten Lippen besitzt.
Auf die Britischen Inseln beschränkt ist subsp. *coccinea*, wo sie in feuchten Dünensenken wächst. Pflanzen niedrig, bis 20 cm hoch; Blätter an der Spitze nicht kapuzenförmig; Blüten rubin- bis scharlachrot; Lippe deutlich breiter als lang.

Blutrotes Knabenkraut *Dactylorhiza cruenta*
10–30 cm hoch. Blätter 4–6, breit lanzettlich, auf beiden Seiten kräftig gefleckt. Blütenstand dicht. Blüten klein, Lippe etwa 5 mm lang, ungeteilt oder angedeutet dreilappig; Sporn konisch, zwei Drittel so lang wie der Fruchtknoten; Blüten intensiv purpurn, selten blasser, Lippe gezeichnet.
Verbreitet in Nordeuropa südwärts bis Dänemark, außerdem in den Alpen sowie deren nördlichem Vorland, auch im nördlichen Sibirien. In Mooren und Sumpfwiesen. Blütezeit Mai bis Juli.

Dactylorhiza cruenta

Dactylorhiza incarnata
subsp. *incarnata*

subsp. *coccinea*

subsp. *incarnata*, »*ochroleuca*«

Hohes Knabenkraut *Dactylorhiza elata*
30–80 (–125) cm hoch, oft sehr kräftig. Blätter 5–10, mittlere lanzettlich, bis über 20 cm lang, aufrecht stehend, ungefleckt oder selten gefleckt; Tragblätter so lang wie bis viel länger als die Blüten. Blütenstand lang, dicht- und reichblütig. Lippe meist viel breiter als lang, ungeteilt bis dreilappig; Sporn zylindrisch-konisch, nach unten weisend, wenig kürzer bis wenig länger als der Fruchtknoten, selten nur halb so lang; Blüten kräftig rot bis violett. Die Art ist variabel.
Eine Art des westlichen Mittelmeergebietes, von Südwestfrankreich und Korsika durch die Pyrenäenhalbinsel bis Nordafrika. Wächst an quellig-nassen Stellen. Blütezeit April bis Juni.

Breitblättriges Knabenkraut *Dactylorhiza majalis*
15–50 cm hoch. Blätter 4–6 (–8), breit lanzettlich, selten schmäler, meist stark gefleckt, auch ungefleckt; Tragblätter etwas länger als bis so lang wie die Blüten. Blütenstand dicht, vielblütig. Lippe meist deutlich dreilappig und breiter als lang; die Seitenlappen oft herabgeschlagen; Sporn konisch-zylindrisch, nach unten weisend, nur wenig kürzer als der Fruchtknoten; Blüten dunkelpurpurn, Lippe dunkel gezeichnet.
Die subsp. *majalis* hat ihren Verbreitungsschwerpunkt in Mittel- und dem kontinentalen Westeuropa, reicht südwärts bis Nordspanien, Norditalien und Nordwestjugoslawien, nordwärts bis Südskandinavien, ostwärts bis Rußland. Wächst auf Sumpfwiesen. Blütezeit Mai bis August, je nach Höhenlage.
Die Art ist sehr variabel. Ein niedrigwüchsiger Ökotyp von Kalkflachmooren mit schmal lanzettlichen Blättern wurde als subsp. *brevifolia* aus Deutschland beschrieben. Pflanzen der Alpen und Pyrenäen besitzen oft wenige Blätter, armblütige Blütenstände und fast ungeteilte Lippen; sie werden subsp. *alpestris* genannt.
Um eine eigenständige Rasse der Britischen Inseln handelt es sich bei der subsp. *kerryensis*. Stengel 10–20 (–30) cm hoch; Blätter oft ungefleckt; Blütenstand kurz und dicht; Lippe meist flach; Blüten hell- bis dunkelpurpurn, kleiner als bei subsp. *majalis*.
Die ähnliche *D. baltica* siehe auf S. 167.

Dactylorhiza elata

Dactylorhiza majalis subsp. *majalis*   subsp. *kerryensis*

Übersehenes Knabenkraut *Dactylorhiza praetermissa*
20–70 cm hoch. Blätter 5–9, lanzettlich, gegen die Mitte am breitesten, schräg aufrecht abstehend, ungefleckt oder mit ringförmigen Flecken; Tragblätter etwa so lang wie die Blüten. Blütenstand dicht, 5–15 cm lang. Lippe etwas breiter als lang, ungeteilt oder schwach dreilappig, meist flach; Sporn kürzer als der Fruchtknoten, konisch-zylindrisch; Blüten rosa bis hellpurpurn, Lippe im Zentrum weißlich und mit zahlreichen kleinen Punkten gezeichnet.
Verbreitet im nordwestlichen Europa, von Nordfrankreich und Südengland durch die Beneluxländer und Norddeutschland bis Jütland. In Sumpfwiesen auf kalk- oder basenreichen Böden. Blütezeit Juni bis Juli.
Die ähnliche *D. sphagnicola* siehe auf S. 167.

Purpurblütiges Knabenkraut *Dactylorhiza purpurella*
10–25 (–40) cm hoch. Blätter 5–8, lanzettlich, schräg abstehend, gefleckt oder ungefleckt; nur die unteren Tragblätter etwas länger als die Blüten. Blütenstand dicht. Blüten klein, Lippe 5–8 mm lang, etwas breiter als lang, rhombisch bis querelliptisch, ungeteilt oder schwach dreilappig, meist flach; Sporn kürzer als der Fruchtknoten, konisch-zylindrisch; Blüten tief rubinrot, Lippe dunkel gezeichnet.
Verbreitet in Irland, Nordengland und Schottland sowie selten in Jütland und Südwestnorwegen. Wächst in Sumpfwiesen. Blütezeit Juni bis August.
D. purpurella, *D. praetermissa* und *D. majalis* subsp. *kerryensis* bilden auf den Britischen Inseln einen jungen, schwer zu gliedernden Verwandtschaftskreis. Intermediär aussehende Pflanzen, wahrscheinlich Bastarde, machen eine Bestimmung oft zur Qual. Die Probleme werden auch in der Uneinigkeit der Fachleute deutlich: manche Pflanzen werden wechselnd der einen oder der anderen Art zugerechnet.

Skandinavisches Knabenkraut *Dactylorhiza pseudocordigera*
10–20 cm hoch. Blätter 2–4, lanzettlich, 1,5–2 cm breit, abstehend, auf der Oberseite dicht gefleckt; Tragblätter kürzer als die Blüten. Blütenstand relativ locker, armblütig. Lippe dreilappig, länger als breit, Mittellappen lang, zugespitzt, die Seitenlappen überragend; Sporn konisch-zylindrisch, kürzer als der Fruchtknoten, nach unten weisend; Blüten dunkelpurpurn, Lippe dunkel gezeichnet.
Verbreitet in Schweden und Norwegen. Wächst in Mooren und Sümpfen auf Kalkböden. Blütezeit Juli.
Die Art gehört in die Verwandtschaft der *D. lapponica* und wird zuweilen als Unterart zu dieser gestellt.

Dactylorhiza pseudocordigera

Balkan-Knabenkraut *Dactylorhiza cordigera*
15–30 cm hoch. Blätter 3–6, eiförmig, abstehend bis überhängend, dunkelgrün, oberseits dicht gefleckt; Tragblätter so lang wie oder länger als die Blüten. Blütenstand kurz, dicht. Lippe ungeteilt, gezähnt-gekerbt, herzförmig oder querelliptisch, meist breiter als lang; Sporn sackförmig, bis zwei Drittel so lang wie der Fruchtknoten, nach unten weisend; Blüten purpurn, Lippe in der Mitte heller, dunkel gezeichnet.
Verbreitet in Südosteuropa von Nordgriechenland nordwärts bis zu den Ostkarpaten. Wächst in nassen Wiesen, Mooren und an Bachufern, in Gebirgslagen von 900 bis 2400 m. Blütezeit Juni bis August.
Aus den Ostkarpaten wurde subsp. *siculorum* beschrieben. Die Pflanzen haben schmälere Blätter und Lippen und längere, dünnere Sporne; es sind Übergangsformen von *D. cordigera* zu *D. majalis*.

Traunsteiners Knabenkraut *Dactylorhiza traunsteineri*
15–20 (–35) cm hoch. Blätter 2–5, lineal-lanzettlich, aufrecht stehend, überwiegend ungefleckt, aber auch gefleckt; Tragblätter kürzer als die Blüten oder die unteren etwas länger. Blütenstand relativ locker und wenigblütig, meist etwa 10–15 Blüten. Lippe schwach bis deutlich dreilappig, die Seitenlappen herabgeschlagen; Sporn etwa halb so lang wie der Fruchtknoten, konisch; Blüten purpur-violett, Lippe dunkel gezeichnet.
Verbreitet in Nord- und Mitteleuropa. Wächst auf Moorwiesen auf sauren Böden. Blütezeit Juni bis August.
D. traunsteineri ist eine umstrittene Art, die ziemlich variabel ist. Von anderen Arten ist sie oft schwer abzugrenzen. Ein Teil der nordeuropäischen Pflanzen mit wenigen Blättern und schwach geteilten Lippen wird als subsp. *curvifolia* bezeichnet. Zwei Lokalrassen, die wohl auch zu der Art zu rechnen sind, wurden aus Westeuropa beschrieben: *Orchis traunsteinerioides* (Irland, England) und *O. francis-drucei* (Hebriden).
Die ähnliche *D. russowii* siehe auf S. 167.

Zilizisches Knabenkraut *Dactylorhiza cilicica*
30–70 cm hoch. Blätter 7–8 (–10), breit eiförmig bis lanzettlich, ungefleckt; Tragblätter etwa so lang wie die Blüten, selten länger. Blütenstand dicht, reichblütig. Lippe breitrundlich, ungeteilt; Sporn bis halb so lang wie der Fruchtknoten, konisch; Blüten hell- bis rotviolett. Verwandt mit *D. elata*, unterscheidet sich durch die kurzen Sporne.
Verbreitet in den Gebirgen der Türkei. An nassen, quelligen Stellen. Blütezeit Mai bis Juni.
Die ähnlichen *D. umbrosa* und *D. osmanica* siehe auf S. 167.

Dactylorhiza cilicica

Dactylorhiza traunsteineri

Dactylorhiza cordigera

Kaukasisches Knabenkraut *Dactylorhiza cataonica*
10–30 cm hoch. Blätter 3–5, elliptisch bis eiförmig, abstehend bis überhängend; untere Tragblätter länger, obere kürzer als die Blüten. Blütenstand kurz, dicht. Lippe ungeteilt, rhombisch- oder rundlich-eiförmig, papillös behaart; Sporn sackförmig, etwa zwei Drittel so lang wie der Fruchtknoten; Blüten dunkelpurpurn. Die Art ist nah verwandt mit *D. cordigera*.
Verbreitet im Kaukasus und den Gebirgen der Nordosttürkei. Wächst in Gebirgswiesen der alpinen und subalpinen Stufe, meist oberhalb 2000 m. Blütezeit Juni bis Juli.

Madeira-Knabenkraut *Dactylorhiza foliosa*
30–70 cm hoch. Blätter 8–10, lanzettlich, oft gewellt, vom Stengel abstehend bis überhängend, ungefleckt; Tragblätter kürzer bis länger als die Blüten. Blütenstand dicht. Lippe breiter als lang, flach, dreilappig mit kleinem Mittellappen; Sporn dünn und kurz, fast gerade, nur halb so lang wie der Fruchtknoten, horizontal stehend; Blüten rosapurpurn, die Lippe ohne oder mit undeutlicher, verwaschener Zeichnung.
Endemisch auf Madeira. Wächst an schattigen, luftfeuchten Stellen. Blütezeit Mai bis Juli.

Schopfiges Knabenkraut *Dactylorhiza saccifera*
30–50 cm hoch, Stengel markig. Blätter 4–10, eiförmig bis breit lanzettlich, stumpf bis etwas spitz, ohne Flecken; Tragblätter sehr groß, länger als die Blüten. Blütenstand dicht- bis lockerblütig. Lippe tief dreilappig, alle Lappen etwa gleich breit oder der Mittellappen etwas schmäler; Sporn sackfömig-zylindrisch, etwa so lang wie der Fruchtknoten; Blüten blaßviolett, Lippe dunkel gezeichnet.
Verbreitet im mittleren und östlichen Mittelmeergebiet (für Spanien fraglich), nordwärts auf dem Balkan bis nach Rumänien. An feuchten Stellen auf Wiesen und in Wäldern, besonders in Gebirgslagen. Blütezeit Mai bis Juli.

Dactylorhiza cataonica

Lappland-Knabenkraut *Dactylorhiza lapponica*
10–20 cm hoch. Blätter 2–4, lanzettlich oder zungenförmig, oberseits und manchmal auch unterseits gefleckt; Tragblätter etwa so lang wie die Fruchtknoten. Blütenstand relativ locker, bis 15-blütig. Lippe 5,5–7 mm lang und etwas breiter, dreilappig mit kurzem Mittellappen bis fast ungeteilt; Sporn zwei Drittel so lang wie der Fruchtknoten, zylindrisch; Blüten dunkelpurpurn, gezeichnet.
Verbreitet in Nordeuropa, südwärts bis Mittelschweden. Wächst auf Sumpfwiesen und in Mooren. Blütezeit Juli bis August.

Fuchs'sches Knabenkraut *Dactylorhiza fuchsii*
10–80 cm hoch, Stengel markig. Blätter 6–12, breit bis schmal lanzettlich, oberseits kräftig gefleckt, das unterste Blatt stumpf; Tragblätter kürzer als die Blüten. Blütenstand dicht. Lippe tief dreilappig, der Mittellappen verlängert, spitz, so breit wie oder etwas schmäler als die zugespitzten Seitenlappen; Sporn schmal zylindrisch, kürzer als der Fruchtknoten, schräg nach unten weisend; Blüten blaß- bis dunkler violett, Lippe dunkel gezeichnet. Unterscheidet sich von *D. maculata* durch die tief dreiteilige Lippe.
Verbreitet in fast ganz Europa mit Ausnahme des Südens, ostwärts durch ganz Sibirien, vielleicht auch in Nordafrika. Wächst auf Wiesen, Weiden und in Laub- und Nadelwäldern auf nassen bis trockenen, vor allem basischen Böden. Blütezeit Juni bis August.
Die Art ist variabel. Niedrigwüchsige Pflanzen (10–30 cm hoch) von Moorstandorten werden als subsp. *psychrophila* bezeichnet. Eine hellblütige Variante aus Ungarn mit weißer, violett gemusterter Lippe wurde als subsp. *sooiana* abgetrennt. Weiß blühende Pflanzen aus Irland erhielten den Namen subsp. *okellyi*, eine niedrige, dunkelblütige Variante von den Hebriden den Namen subsp. *hebridensis*.

Geflecktes Knabenkraut *Dactylorhiza maculata*
Im Habitus wie auch in zahlreichen Details der vorigen Art, *D. fuchsii*, sehr ähnlich. Unterstes Blatt zugespitzt, Blätter kräftig gefleckt, häufig aber die Flecken klein und punktförmig, oder auch ungefleckt. Lippe schwach dreilappig, der Mittellappen nicht vorgezogen, klein, die abgerundeten Seitenlappen bedeutend größer; Sporn etwas dünner und kürzer als bei *D. fuchsii*; Blüten blaß, hellviolett bis weiß, Lippe dunkel gezeichnet.
Verbreitet in fast ganz Europa mit Ausnahme des Südostens. Wächst in Wäldern, Rasen, auf Heiden und Mooren auf sauren Böden. Blütezeit Mai bis August.
Die Art ist sehr variabel und nicht immer deutlich von *D. fuchsii* abgesetzt. Zahlreiche Unterarten wurden beschrieben, über deren Berechtigung sich streiten läßt. Bei manchen dieser Populationen handelt es sich wohl nur um lokale Varianten oder um klimatisch bzw. ökologisch bedingte Wuchsformen. Einige seien kurz genannt: Subsp. *elodes;* niedrig, schmalblättrig, mit breiter Lippe und kurzem Sporn; in Mooren und Heiden im ganzen Areal der Art; ähnlich ist subsp. *schurii*, die aus den Karpaten beschrieben wurde. Subsp. *transsilvanica;* Blüten weiß bis gelblichweiß, Lippe ohne Zeichnung; Gebirge vom östlichen Mitteleuropa über die Karpaten bis zum Nordbalkan.

Lanzen-Knabenkraut *Dactylorhiza triphylla*
30–50 cm hoch. Blätter 3–9, breit lanzettlich, die unteren vorn abgerundet, die oberen lang zugespitzt, kräftig gefleckt; Tragblätter sehr groß, viel länger als die Blüten, beidseitig gefleckt. Blüten groß; Lippe bis 14 mm lang und 19 mm breit, schwach dreilappig, Seitenlappen deutlich größer als der kleine dreieckige Mittellappen; Sporn kräftig, breit zylindrisch, etwa so lang wie der Fruchtknoten, horizontal abstehend; Blüten meist dunkelviolett, auch heller, Lippe dunkel gezeichnet.
Verbreitet im Kaukasus, Nordiran und der Nordosttürkei. Wächst auf nassen Wiesen und an Bachufern vor allem in mittleren Gebirgslagen. Blütezeit Juni bis August.

Dactylorhiza lapponica

Kugelorchis *Traunsteinera*

Ausdauernd, 20–65 cm hoch. Knollen 2, eiförmig, ungeteilt. Stengel am Grund mit Schuppenblättern und in der Mitte mit 2–3 lanzettlichen Blättern; Tragblätter so lang wie oder länger als die Fruchtknoten. Blütenstand dicht, kugelig bis kegelförmig. Alle oberen Perianthblätter spreizend, in lange und an der Spitze verdickte Zipfel ausgezogen; Lippe tief dreilappig; Sporn nach unten weisend, bis halb so lang wie der Fruchtknoten.
Die Gattung ist monotypisch und nah mit *Orchis* verwandt. Unterschiede sind das Fehlen der grundständigen Blattrosette und die spezielle Form der Perianthblätter.

Kugelorchis *Traunsteinera globosa*
Blätter etwas blaugrün. Blüten rosalila, Lippe mit dunkleren Tupfen.
Weit verbreitet in den europäischen Gebirgen, nach Westen bis zu den Pyrenäen, nach Norden bis zu den Vogesen und Karpaten, nach Osten durch den Balkan und die Türkei bis zum Kaukasus. Wächst über Kalk in Bergwiesen und Krummholz meist oberhalb 1000 m, steigt bis 3000 m an. Blütezeit Mai bis August, je nach Höhenlage.
Hellblütige Pflanzen mit einem stärker verlängerten Mittellappen wurden aus dem Kaukasus und der Türkei als subsp. *sphaerica* beschrieben.

Zwergorchis *Chamorchis*

Ausdauernd, 4–12 cm hoch. Knollen 2, eiförmig, ungeteilt. Blätter alle grundständig, grasartig; Tragblätter länger als die Fruchtknoten. Blütenstand eine lockere, wenigblütige Ähre. Obere Perianthblätter zusammenneigend, einen Helm bildend; Lippe ungeteilt oder schwach dreilappig; Sporn fehlt.
Zur Gattung gehört 1 Art. Die Zwergorchis ist eine unscheinbare und schwer zu findende Pflanze der europäischen Hochgebirge.

Zwergorchis *Chamorchis alpina*
Blätter 4–8, rinnig gefaltet, meist länger als der Stengel. Blüten wenig auffällig, gelblich-grün, verschieden intensiv bräunlich überlaufen.
Die Vorkommen liegen alle in Hochgebirgen meist oberhalb der Baumgrenze; in den Alpen, hier bis etwa 2700 m ansteigend, den Karpaten und auf dem Balkan, in Nordeuropa in den skandinavischen Gebirgen bis zur Kola-Halbinsel. Wächst in alpinen, flachgründigen Rasen und Gesteinsfluren über Kalkgestein. Blütezeit Juli bis August.

Kohlröschen *Nigritella*

Ausdauernd, 5–25 cm hoch. Knollen 2, eiförmig, an der Spitze geteilt. Blätter schmal, linealisch, zahlreich; Tragblätter länger als die Fruchtknoten. Blütenstand eine kurze, dichtblütige Ähre. Blüten mit nicht resupinaten Fruchtknoten, Lippen daher nach oben weisend; alle Perianthblätter ungefähr gleich lang und spreizend; Lippe ungeteilt oder selten mit 2 zahnförmigen Seitenlappen; Sporn viel kürzer als der Fruchtknoten. Blüten stark nach Vanille riechend.
Die Gattung umfaßt 2 Arten. Sie ist auf die Hochgebirge Europas beschränkt mit Schwerpunkt im südlichen Europa.

Schwarzes Kohlröschen *Nigritella nigra*
Blätter grasartig, gefaltet, kürzer als der Stengel; Stengel kantig, bis oben beblättert. Blütenstand zuerst kurz konisch, später kugelig bis eiförmig, kaum verlängert. Lippe flach; Blüten normalerweise schwärzlich-purpurn, seltener rot, gelblich oder weißlich.
Eine Orchidee der höheren Gebirge Europas, meist oberhalb der Waldgrenze, wenig anspruchsvoll bezüglich der Bodenunterlage. In Südeuropa im Kantabrischen Gebirge, den Pyrenäen, dem französischen Zentralmassiv, dem Jura und den Alpen, im Schwarzwald, den Gebirgen der Balkanhalbinsel und den Karpaten, im Zentralapennin, in Nordeuropa in Mittelnorwegen und -schweden. Wächst in Bergwiesen und Rasen. Blütezeit Juni bis August.

Rotes Kohlröschen *Nigritella miniata* (Text S. 124)

Rotes Kohlröschen *Nigritella miniata*
Unterscheidet sich von *N. nigra* durch den etwas stärker verlängerten Blütenstand, die Form der Lippe und die Blütenfarbe. Blütenstand eiförmig bis zylindrisch. Lippe am Grund tütenförmig eingerollt; Blüten rosa bis hellziegelrot.
Verbreitet in den Ostalpen und den Ostkarpaten. Wächst an ähnlichen Standorten wie *N. nigra* und oft mit dieser zusammen, blüht aber etwas früher.

Händelwurz *Gymnadenia*

Ausdauernd, 15–80 cm hoch. Knollen 2, seitlich zusammengepreßt, fingerförmig geteilt. Blätter lineal-lanzettlich, ungefleckt; Tragblätter so lang wie oder länger als die Fruchtknoten. Blütenstand dicht und vielblütig. Seitliche Sepalen waagrecht spreizend, das mittlere Sepalum und die seitlichen Petalen zusammenneigend und einen Helm bildend; Lippe dreilappig; Sporn fädig. Säule kurz. Blüten riechen nach Vanille.
Die Gattung ist in Europa mit 2 Arten vertreten und kommt in allen Klimazonen vor. Mit *Nigritella* bildet sie häufig Bastarde, die fast regelmäßig anzutreffen sind, wenn Arten dieser Gattungen nebeneinander wachsen.

Mücken-Händelwurz *Gymnadenia conopsea*
15–80 cm hoch. Blätter 4–8, lineal-lanzettlich, aufrecht, gekielt; Tragblätter länger als die Fruchtknoten. Blütenstand dicht, mit zahlreichen, relativ kleinen Blüten, zylindrisch, bis 20 cm lang. Lippe dreilappig, Lappen etwa gleich groß, abgerundet; Sporn sehr lang und fädig, bis doppelt so lang wie der Fruchtknoten, nach unten gebogen; Blüten rosa bis rötlich-lila, meist einfarbig, selten weiß.
Verbreitet in fast ganz Europa, ostwärts durch das ganze gemäßigte Asien bis China und Japan. Wächst an einer Vielzahl von Standorten, in Wiesen, trockenen Rasen, Hochgebirgsweiden, Mooren und lichten Wäldern auf kalkhaltigen Böden. Blütezeit Mai bis August, je nach Höhenlage und geographischer Breite.
Die Art ist stark veränderlich. Hochwüchsige und kräftige Pflanzen mit breiten Blättern und sehr langen Blütenständen werden als var. *densiflora* bezeichnet. Die Pflanzen der höheren Berglagen, z. B. der Alpen und der Balkanhalbinsel, stellen vielleicht eine eigene Rasse dar. Sie sind niedriger, etwa 20 cm hoch, haben kurze Blütenstände und dunkler gefärbte Blüten. Sie werden als var. *alpina* abgetrennt.

Wohlriechende Händelwurz *Gymnadenia odoratissima*
15–30 cm hoch. Blätter 4–6, linealisch, gekielt; Tragblätter etwas kürzer bis etwas länger als die Fruchtknoten. Blütenstand dicht, vielblütig. Blüten etwas kleiner als die der *G. conopsea*, Sporn kurz, etwas kürzer als der Fruchtknoten, 4–5 mm lang; Blüten rosa bis weißlich, stark duftend.
Verbreitet im zentralen Europa, nordwärts bis Südschweden, südwärts bis Nordspanien, Norditalien und Jugoslawien, ostwärts bis Rußland. Wächst auf Kalkböden bis in 2500 m Höhe, in Rasen, Bergwiesen, lichten Nadelwäldern und Flachmooren. Blütezeit Mai bis August.

Gymnadenia conopsea »densiflora« *Gymnadenia odoratissima*

Weißzüngel, Höswurz *Leucorchis*

Ausdauernd, 10–30 cm hoch. Knollen 2, tief fingerförmig geteilt. Blätter lanzettlich, ungefleckt; Tragblätter etwas länger als die Fruchtknoten. Blütenstand dicht, Blüten klein. Alle oberen Perianthblätter zusammenneigend und einen lockeren Helm bildend; Lippe dreilappig; Sporn kurz, höchstens halb so lang wie der Fruchtknoten.
Die Gattung umfaßt 2 Arten in Europa und dem östlichen Nordamerika, ist also amphiatlantisch verbreitet. Sie ist mit *Gymnadenia* nah verwandt, mit der sie ebenso wie mit *Nigritella* häufig Bastarde bildet.

Weißzüngel *Leucorchis albida*
10–30 cm hoch. Blätter 3–6, breit lanzettlich. Blütenstand zylindrisch. Blüten klein mit 2–2,5 mm langen Perianthblättern; Sporn kurz, dick, weniger als halb so lang wie der Fruchtknoten; Blüten grünlich- oder gelblich-weiß.
Art mit arktisch-alpiner Verbreitung; in Südeuropa in den höheren Gebirgen, nach Norden zu auch in tiefere Lagen herabsteigend; nach Süden bis zu den Pyrenäen, dem Zentralapennin und der nördlichen Balkanhalbinsel. Pflanzen von Westskandinavien, Island, Grönland und Nordostkanada werden zuweilen als var. *subalpina* abgetrennt. Wächst auf Wiesen und Weiden bis über 2500 m Höhe auf sauren Böden. Blütezeit Mai bis August.

Balkan-Weißzüngel *Leucorchis frivaldii*
15–30 cm hoch. Blätter 3–4, schmal lanzettlich. Blütenstand kurz zylindrisch bis eiförmig. Blüten größer als bei *L. albida* mit etwa 3 mm langen Perianthblättern; Sporn schlank, etwa halb so lang wie der Fruchtknoten; Blüten weiß bis blaßrosa.
Verbreitet in den Gebirgen von Rumänien, Bulgarien, Jugoslawien und Albanien. In Quellfluren und auf feuchten Weiden. Blütezeit Juni bis August.

Kapuzenorchis *Neottianthe*

Ausdauernd, 10–30 cm hoch. Knollen 2, kugelig, ungeteilt. Am Grund des Stengels 2 eiförmige bis elliptische Blätter, darüber 1–2 kleine, lanzettliche Blätter; Tragblätter etwa so lang wie die Fruchtknoten. Blütenstand locker, mehr oder weniger einseitswendig, 6- bis 20-blütig. Die oberen Perianthblätter zusammenneigend und einen Helm bildend; Lippe dreilappig, etwas zurückgebogen; Sporn schlank, nach unten und vorne gekrümmt.
Die Gattung umfaßt wenige Arten; ihr Verbreitungszentrum liegt in Ostasien.

Kapuzenorchis *Neottianthe cucullata*
Eine schlanke Orchidee mit rosa bis violetten Blüten. Mittellappen der Lippe ungeteilt, alle Lappen spitz; Helm ebenfalls spitz; Sporn so lang wie oder etwas kürzer als der Fruchtknoten. Eine Pflanze Eurasiens, die nach Westen bis Polen vordringt (Weichselgebiet); ostwärts bis Korea, China und Japan. Wächst in moosigen Nadelwäldern und Lichtungen auf sauren Böden. Blütezeit Juli bis August.

Hohlzunge *Coeloglossum*

Ausdauernd, 10–35 cm hoch. Knollen 2, tief fingerförmig geteilt. Blätter 3–6, ungefleckt; Tragblätter laubblattartig, groß, länger als die Fruchtknoten. Blütenstand mäßig dicht, vielblütig, zylindrisch. Obere Perianthblätter zusammenneigend und einen offenen, rundlichen Helm bildend; Lippe länglich, vorne mit zahnförmigen Lappen; Sporn sehr kurz, sackförmig.
Die Gattung ist mit wenigen Arten zirkumpolar in der arktischen bis temperaten Zone Eurasiens und Nordamerikas verbreitet. In Europa ist sie durch 1 Art vertreten.

Hohlzunge *Coeloglossum viride*
Untere Blätter elliptisch-lanzettlich. Blütenstand 5- bis 25-blütig, 2–10 cm lang. Mittellappen der Lippe meist kürzer als die Seitenlappen, selten so lang; Sporn 2 mm lang; Blüten grün oder gelblich-grün, Helm oft bräunlich berandet oder überlaufen, Lippe gelblich bis gelblich-braun, zuweilen dunkler berandet.
In weiten Teilen Europas, nur im äußersten Süden fehlend, außerdem in der Türkei und im Kaukasus. Eine Pflanze der höheren Gebirge, in Nordeuropa auch im Flachland. In Wiesen, lichten Gebüschen und Nadelwäldern bis 2500 m ansteigend. Blütezeit Mai bis August.

Leuchorchis frivaldii

Coeloglossum viride

Neottianthe cucullata

Leucorchis albida

Waldhyazinthe, Kuckucksblume *Platanthera*

Ausdauernd, 6–80 cm hoch. Knollen 2, eiförmig oder rübenförmig, ungeteilt. Normalerweise 2 große, eiförmige Blätter gegen den Grund des Stengels, die oberen Blätter klein und scheidig. Blütenstand zylindrisch, meist relativ locker. Seitliche Sepalen waagrecht spreizend, mittleres Sepalum und seitliche Petalen zusammenneigend und einen Helm bildend; Lippe ungeteilt, zungenförmig; Sporn vorhanden.
Die Gattung umfaßt etwa 80 Arten und hat ihren Verbreitungsschwerpunkt in Asien und Nordamerika. Sie reicht bis in die Tropen.

Zweiblättrige Waldhyazinthe *Platanthera bifolia*
20–50 cm hoch. Grundständige Blätter 2, breit lanzettlich bis eiförmig oder elliptisch, höher am Stengel tragblattähnliche Blätter; Tragblätter so lang wie die Fruchtknoten. Blütenstand locker bis ziemlich dicht. Seitliche Sepalen 8–10 mm lang, spreizend, waagrecht, Helm 5–7 mm lang; Lippe 8–12 mm lang, linealisch-länglich, hängend; Pollenfächer parallel, eng beieinander; Sporn 25–30 mm lang, fadenförmig, waagrecht; Blüten weiß, mehr oder weniger grün oder gelblich-grün überlaufen. Fast durch ganz Europa verbreitet, aber weniger häufig im Mittelmeergebiet; außerdem in Nordafrika und Südwest- bis Ostasien. Wächst in lichten Wäldern, Heiden, Mooren, von der Ebene bis ins Hochgebirge auf verschiedenen Böden. Blütezeit Ende Mai bis August.

Grünliche Waldhyazinthe *Platanthera chlorantha*
Die Art sieht der vorigen, *P. bifolia*, ziemlich ähnlich. Sie ist im Wuchs oft etwas kräftiger und besitzt etwas größere Blüten. Blüten oft, aber nicht immer grün überlaufen; Sporn 18–27 mm lang. Sofort zu erkennen an den weiter voneinander entfernten und schräg stehenden Pollenfächern.
In fast ganz Europa und Südwest- bis Ostasien. Die Art reicht nicht so weit nach Norden wie *P. bifolia*. Wächst in Wäldern, trockenen Wiesen und Gebüschen normalerweise auf Kalkböden, steigt bis 2000 m hoch. Blütezeit Mai bis August, etwas früher als *P. bifolia*.

Azoren-Waldhyazinthe *Platanthera micrantha*
15–30 cm hoch. Die beiden unteren, flächig entwickelten Blätter relativ weit voneinander entfernt, eiförmig bis lanzettlich; Tragblätter etwas länger als die Fruchtknoten. Blütenstand dicht, vielblütig. Blüten klein, Lippe und übrige Perianthblätter etwa gleichlang, 2–4 mm, vorn gerundet; Sporn nach unten weisend, von variabler Länge, weniger als halb bis fast so lang wie der Fruchtknoten; Blüten gelblich-grün. Endemisch auf den Azoren. Wächst in Heiden und auf sauren Böden. Blütezeit Juni und Juli.
Pflanzen mit großen Blättern und großen Blüten mit relativ langen Lippen und Spornen wurden als eigene Art *P. azorica* beschrieben. Sie sind aber nur die Extremformen einer variablen Art und daher mit den kleinblättrigen und kleinblütigen Pflanzen unter einem Namen zu vereinigen.

Platanthera micrantha

Platanthera bifolia   *Platanthera chlorantha*

Algerische Waldhyazinthe *Platanthera algeriensis*
25–70 cm hoch. Grundständige Blätter 2, lanzettlich, höher am Stengel 4–6 tragblattähnliche Blätter; Tragblätter länger als die Fruchtknoten. Blütenstand ziemlich dicht, bis 25 cm lang. Seitliche Sepalen 8–11 mm lang, waagrecht spreizend, Helm etwa 7 mm lang; Lippe 8–12 mm lang, linealisch, hängend; Pollenfächer schräg stehend; Sporn etwa 20 mm lang, fadenförmig, nach unten weisend; Blüten grünlich-gelb.
Endemisch in Algerien und Marokko. Wächst auf nassen Wiesen, an Quellen und Bächen, steigt im Gebirge bis 2100 m Höhe an. Blütezeit Juli bis August.

Wenigblütige Waldhyazinthe *Platanthera obtusata* subsp.*oligantha*
6–20 cm hoch. Ein einzelnes flächig entwickeltes Laubblatt am Stengelgrund, dieses elliptisch, bis 6 × 2 cm, am Grund scheidig und von einem schuppenförmigen Niederblatt umgeben; ein weiteres, tragblattähnliches Blatt oben am Stengel; Tragblätter kürzer bis länger als die Fruchtknoten. Blütenstand locker, 3- bis 7-blütig. Seitliche Sepalen horizontal, seitliche Petalen gedreht; Lippe länglich dreieckig, etwa 3,5 mm lang, horizontal oder hängend; Sporn etwa 3 mm lang, halb so lang bis fast so lang wie der Fruchtknoten; Pollenfächer etwas schräg; Blüten grünlich-weiß.
Verbreitet im arktischen Europa, dann von Sibirien bis Nordamerika; zwischen den europäischen und sibirischen Vorkommen besteht eine Areallücke von mehr als 4500 km. Die subsp. *obtusata* ist auf Nordamerika beschränkt; Übergangsformen zwischen beiden Unterarten kommen in Alaska vor. Wächst in Birken- und Kiefernwäldern und Gebirgsheiden auf Kalkböden. Blütezeit Juli bis August.

Isländische Waldhyazinthe *Platanthera hyperborea*
6–25 cm hoch. Blätter 3–5, lanzettlich, gleichmäßig am Stengel verteilt; Tragblätter etwa so lang wie die Fruchtknoten. Blütenstand relativ locker bis dicht und reichblütig. Alle Perianthblätter etwa gleichlang, 3–3,5 mm; seitliche Sepalen spreizend, etwas nach unten gekrümmt; Lippe breit lanzettlich, stumpf; Sporn kürzer als der Fruchtknoten; Blüten grün, wohlriechend.
Eine Orchidee der arktischen und subarktischen Zone Nordamerikas und Grönlands, Europa nur in Island erreichend. Wächst in feuchten Tundren und Mooren. Blütezeit Juni bis Juli.

Platanthera algeriensis

Platanthera obtusata subsp. oligantha

Platanthera hyperborea

Kanarenstendel *Habenaria*

Ausdauernd, 15–40 cm hoch. Knollen 2, rübenförmig, ungeteilt. Blätter 2, grundständig, eiförmig-lanzettlich; Tragblätter kürzer als die Fruchtknoten. Blütenstand locker, 4- bis 30-blütig. Seitliche Sepalen spreizend, mittleres Sepalum und seitliche Petalen zusammenneigend und einen Helm bildend; Lippe tief in 3 linealische Lappen geteilt; Sporn ungefähr so lang wie der Fruchtknoten, nach unten weisend.
Die Gattung ist mit ungefähr 600 Arten in den Tropen und Subtropen vertreten und erreicht nur mit 1 Art das behandelte Gebiet.

Kanarenstendel *Habenaria tridactylites*
Stengel außer den Grundblättern blattlos. Blüten unscheinbar gefärbt, etwa 2 cm groß; die seitlichen Sepalen schräg nach unten spreizend; Blütenfarbe blaßgrün.
Endemit der Kanarischen Inseln. Lokal häufig in Felsspalten an bewaldeten Felshängen von 200–800 m Höhe. Blütezeit November bis Januar.

Grünstendel *Gennaria*

Ausdauernd, 10–30 cm hoch. Normalerweise nur 1 eiförmige Knolle zur Blütezeit vorhanden. Blätter 2, herzförmig stengelumfassend; Tragblätter etwa so lang wie die Fruchtknoten. Blütenstand eine mäßig dichte bis lockere Ähre, vielblütig. Obere Perianthblätter zusammenneigend, manchmal mit zurückgebogenen Spitzen, helmförmig bis glockig; Lippe dreilappig; Sporn kurz, sackförmig.
Die Gattung enthält 1 Art von westmediterran-makaronesischer Verbreitung.

Grünstendel *Gennaria diphylla*
Blüten klein, gelblich-grün; Lippe 5 mm lang, der ungeteilte Mittellappen etwas länger als die beiden Seitenlappen.
Verbreitet von Sardinien an westwärts, auf den Balearen, in Südwestspanien, Portugal, Nordafrika, auf Madeira und den Kanarischen Inseln. Wächst an schattigen Plätzen in immergrünen Wäldern, Gebüschen und in Felsspalten. Blütezeit Februar bis März, auf den Kanarischen Inseln früher.

Einknolle *Herminium*

Ausdauernd, 7–25 cm hoch. 1 runde, ungeteilte Knolle zur Blütezeit vorhanden, 2–4 weitere Knollen werden später an unterirdischen, schlanken Ausläufern gebildet. Blätter meist 2, selten 3 oder 4 am Grund des Stengels, lanzettlich bis eiförmig, am Stengel meist ein tragblattartiges linealisches Blatt; Tragblätter etwas kürzer als die Fruchtknoten. Blütenstand ziemlich locker, vielblütig. Die oberen Perianthblätter mehr oder weniger zusammenneigend; Lippe dreilappig; Sporn fehlt.
Eine monotypische Gattung mit weiter Verbreitung in Eurasien.

Einknolle *Herminium monorchis*
Eine zierliche Orchidee mit kleinen Blüten. Lippe 3,5–4 mm lang, Mittellappen der Lippe ungeteilt, viel länger als die Seitenlappen; Blüten gelblich-grün, nach Honig duftend.
Verbreitet vor allem in der temperaten Zone Eurasiens, von England im Westen bis Japan im Osten; seltener auch in der submeridionalen Zone, fehlt im engeren Mediterrangebiet. In trockenen und feuchten Wiesen meist über Kalk, im Gebirge bis etwa 2000 m ansteigend. Blütezeit Juni bis August.

Herminium, Blüte

Gennaria diphylla

...enaria tridactylites

Herminium monorchis

Glanzkraut *Liparis*

Ausdauernd, 6–20 cm hoch. 2 eiförmige Scheinknollen am Grund des Stengels, die durch ein kurzes, horizontales Sproßstück verbunden sind; die ältere von abgestorbenen Blattscheiden umhüllt, die jüngere am Grund des blühenden Stengels. Blätter 2, breit lanzettlich bis eiförmig; Tragblätter viel kürzer als die Fruchtknoten. Blütenstand eine lockere 3- bis 8(18)-blütige Traube. Perianthblätter schmal, stark spreizend; Lippe ungeteilt, in der Blüte meist oben stehend; Sporn fehlt. Säule lang, schlank.
Zur Gattung gehören etwa 300 Arten, die über die ganze Erde mit Ausnahme der Arktis verbreitet sind. Ein Häufungszentrum ist Südostasien. In Europa nur 1 Art.

Glanzkraut *Liparis loeselii*
Stengel kantig mit 2 grundständigen, fast gegenständigen Blättern. Blüten klein, Sepalen etwas über 5 mm lang; Blüten grünlich-gelb.
Verbreitet in der temperaten Zone Eurasiens und Nordamerikas, in Asien aber nur vereinzelt. In Europa fast nur nördlich der Pyrenäen, Alpen und Karpaten, selten auch auf dem Balkan; nordwärts bis Südskandinavien. Wächst an nassen Standorten, vor allem in Flach- und Hochmooren und Dünen. Blütezeit Juni bis August.

Korallenwurz *Corallorhiza*

Ausdauernd, 7–30 cm hoch. Pflanze gelblich-braun bis rötlich-weiß. Rhizom fleischig, reichverzweigt, von korallenähnlichem Aussehen, ohne Wurzeln. Stengel mit 2–4 scheidigen Blättern, ohne flächige Blätter; Tragblätter sehr kurz. Blütenstand eine lockere, 2- bis 10-blütige Traube. Seitliche Sepalen nach unten weisend, mittleres Sepalum und seitliche Petalen zusammenneigend und einen lockeren Helm bildend; Lippe ungeteilt oder mit winzigen Seitenlappen; Sporn fehlt. Säule lang.
Die Gattung ist mit etwa 15 Arten in Eurasien und hauptsächlich Nordamerika verbreitet.

Korallenwurz *Corallorhiza trifida*
Eine auf Bodenpilzen parasitierende Orchidee ohne grüne Blätter. Perianthblätter gelblich-weiß oder grünlich mit rotbraunen Flecken und Rändern.
Zirkumpolar verbreitet in der temperaten und borealen Zone, auch in der Arktis, weiter südlich nur in Gebirgen. In Europa im Westen und im Süden selten. Wächst in Laub- und Nadelwäldern, auch in Tundren und feuchten Dünensenken. Blütezeit Mai bis August.

Norne *Calypso*
Ausdauernd, 10–20 cm hoch. 1 rundliche Knolle, die von abgestorbenen Blattscheiden umhüllt ist. Ein einzelnes, gestieltes Blatt entspringt dem oberen Teil der Knolle. Stengel mit 1–2 scheidigen Blättern und einer Blüte. Obere Perianthblätter spreizend; Lippe pantoffelförmig, aufgeblasen; Sporn fehlt. Säule flächig, eiförmig.
Die Gattung ist monotypisch, umfaßt also nur die folgende Art, und ist zirkumpolar verbreitet.

Norne *Calypso bulbosa*
Das gestielte Blatt mit elliptisch-länglicher bis eiförmiger, deutlich geaderter Spreite. Obere Perianthblätter und Lippe 1–2 cm lang, Blüten hell- bis dunkelrot, die Lippe weißlich mit rosa oder gelben Flecken.
Verbreitet in Eurasien und Nordamerika, in Europa in Nordskandinavien und Nordrußland südwärts bis 57°N. In Nadelwäldern, Sümpfen und Mooren. Blütezeit Mai bis Juni.

Corallorhiza trifida

Liparis loeselii

Calypso bulbosa

Netzblatt *Goodyera*

Ausdauernd, 10–50 cm hoch. Mit kriechendem, verzweigtem Rhizom, keine Knollen. Blätter am Stengel verteilt, die unteren flächig entwickelt, die oberen scheidig, mehr oder weniger netznervig. Blütenstand mehr oder weniger einseitswendig. Die oberen Perianthblätter zusammenneigend oder die seitlichen Sepalen etwas zurückgebogen; Lippe etwas kürzer als die Sepalen, der basale Teil bauchig, der vordere Teil dreieckig, flach; Sporn fehlt.
Die Gattung ist mit etwa 80 Arten in Eurasien, Australien und Nordamerika verbreitet.

Kriechendes Netzblatt, Mooswurz *Goodyera repens*

10–25 cm hoch. Untere Blätter 3–6, rosettig genähert, eiförmig bis herzförmig, obere Blätter reduziert auf Scheiden; Tragblätter länger als die Fruchtknoten. Blütenstand schlank, locker, oft leicht schraubig gedreht. Seitliche Sepalen zurückgebogen, etwas spreizend, mittleres Sepalum und seitliche Petalen zusammenneigend, Sepalen 3–4 mm lang, dicht behaart; Blüten weiß, wohlriechend. Die Blattrosetten werden im Spätsommer gebildet und sterben im kommenden Jahr nach der Blüte ab.
Verbreitet in Europa südwärts bis zu den Pyrenäen, den Alpen und Bulgarien, ostwärts durch die Nordtürkei bis zum Kaukasus. Von Meereshöhe bis über 2000 m in Nadel- und Mischwäldern. Blütezeit Juni bis September.

Großblättriges Netzblatt *Goodyera macrophylla*

20–50 cm hoch. Blätter 10–18, am Stengel verteilt, die unteren breit lanzettlich, Blätter nach oben am Stengel kleiner werdend, die obersten klein, scheidig; Tragblätter etwa so lang wie die Fruchtknoten. Blütenstand relativ dicht, vielblütig. Sepalen und Petalen zusammenneigend und einen Helm bildend, Sepalen 8–9 mm lang, kahl; Blüten weiß.
Endemisch auf Madeira in feuchten Wäldern. Blütezeit April bis September.

Einblattorchis *Microstylis*

Ausdauernd, 10–30 cm hoch. Am Grund des Stengels 2 Scheinknollen, die durch ein horizontales oder schräg liegendes, kurzes Rhizomstück verbunden sind. Meist nur 1 Blatt, lanzettlich bis elliptisch; Tragblätter etwa so lang wie die Fruchtknoten. Blütenstand reichblütig, ziemlich locker. Fruchtknoten um 360° gedreht; Perianthblätter spreizend, alle etwa gleich lang, seitliche Sepalen oben, mittleres Sepalum unten stehend, seitliche Petalen linealisch; Lippe ungeteilt, oben stehend, eingekrümmt; Sporn fehlt. Säule sehr kurz.
Die Gattung ist mit etwa 200 Arten über weite Gebiete der Erde verbreitet.

Einblattorchis *Microstylis monophyllos*

Eine schlanke Orchidee mit vielen sehr kleinen Blüten; Perianthblätter ca. 2,5 mm lang, gelblich-grün. Lippe unterseits gegen die Spitze warzig.
Zirkumpolar verbreitet in der borealen und temperaten Zone. In Europa westwärts bis Norwegen und die Schweiz, südwärts bis Norditalien, Rumänien und Südrußland. Wächst in Mooren, nassen Wiesen, Nadel- und Bruchwäldern. Blütezeit Juni bis Juli.

Weichwurz *Hammarbya*

Ausdauernd, 3–15 cm hoch. Gegen den Grund des Stengels 2 Scheinknollen. Blätter 2–3, eiförmig; Tragblätter etwa so lang wie die Fruchtknoten. Blütenstand zunächst dicht, später locker, vielblütig. Fruchtknoten um 360° gedreht, so daß die Lippe oben steht; seitliche Sepalen aufrecht, mittleres Sepalum nach unten weisend, seitliche Petalen nach hinten gekrümmt; Lippe ungeteilt, kleiner als die Sepalen; Sporn fehlt. Säule sehr kurz.
Die Gattung enthält 1 Art von zirkumpolarer Verbreitung.

Weichwurz *Hammarbya paludosa*

Eine zarte und niedrige Orchidee mit kantigem Stengel. Blätter am vorderen Rand oft mit Bulbillen, die nach dem Abfallen zu neuen Pflanzen auswachsen. Blüten sehr klein, gelblich-grün; Sepalen 2,5–3 mm lang, seitliche Petalen etwa 1,5 mm und Lippe etwa 2 mm lang. In der temperaten und borealen Zone Eurasiens und Nordamerikas; das Häufungszentrum liegt in Europa, in Asien und Nordamerika selten und sehr lückig. Wächst in Hochmooren und Sümpfen, nur auf sauren Böden. Blütezeit Juli bis September.

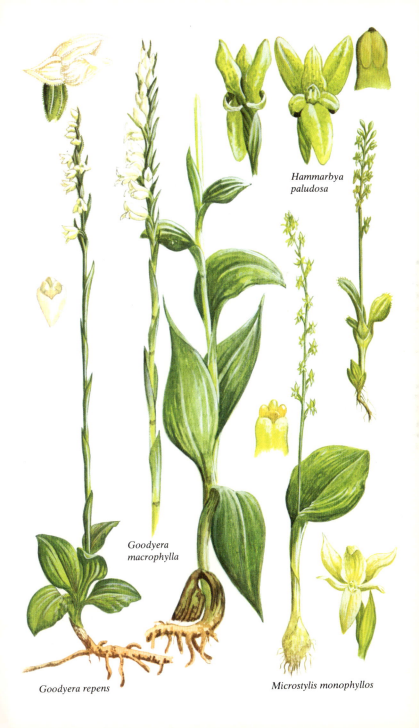

Hammarbya paludosa

Goodyera macrophylla

Goodyera repens

Microstylis monophyllos

Drehwurz, Wendelähre, Wendelorchis *Spiranthes*

Ausdauernd, 6–35 cm hoch. Knollen rübenförmig. Achse des Blütenstandes gedreht, Blüten daher schraubig angeordnet. Blüten horizontal abstehend. Perianthblätter mehr oder weniger gleichlang, entweder alle zusammenneigend oder die seitlichen Sepalen abstehend, zuweilen verwachsen; Lippe ungeteilt, am Rand gewellt; Sporn fehlt.
Die Gattung umfaßt etwa 30 Arten und ist außer im Afrika südlich der Sahara und in Südamerika weltweit verbreitet.

Herbst-Drehwurz *Spiranthes spiralis*
6–35 cm hoch. Blätter breit lanzettlich bis eiförmig, blaugrün; Rosette zur Blütezeit normalerweise verwelkt, Rosette des folgenden Jahres daneben bereits entwickelt; Stengel mit kleinen schuppenförmigen Scheiden; Tragblätter länger als die Fruchtknoten. Blütenstand schlank mit 6–20 Blüten in einer Schraube. Seitliche Sepalen etwas zurückgebogen, die übrigen Perianthblätter röhrig zusammenneigend; Lippe 6–7 mm lang, mit nach oben gebogenen Rändern und gewellt-gekerbter Spitze; Blüten grünlich-weiß, duftend.
Verbreitet in West-, Mittel- und Südeuropa, nordwärts bis Dänemark, ferner in Nordafrika und durch die Türkei bis zum Kaukasus und Libanon. Vor allem im Flachland, bis etwa 1000 m ansteigend, in Weiden, Macchien und lichten Kiefernwäldern auf verschiedenen Böden. Blütezeit August bis September.

Chinesische Drehwurz *Spiranthes sinensis*
15–30 cm hoch. Untere Blätter 4–5, aufrecht, lineal-lanzettlich, obere Blätter schuppenförmig; Tragblätter länger als die Fruchtknoten. Blütenstand dicht, vielblütig. Alle Perianthblätter zu einer Röhre zusammenneigend; Lippe mit Schwielen nahe dem Grund; Blüten weiß bis kräftig rosa.
Verbreitet in der temperaten Zone Asiens, nach Europa im Gebiet der Wolga einstrahlend. In nassen Wiesen und Mooren. Blütezeit Juli bis August.

Sommer-Drehwurz *Spiranthes aestivalis*
12–35 cm hoch. Untere Blätter 4–6, lineal-lanzettlich, ziemlich aufrecht, obere Blätter schuppenförmig; Tragblätter etwas länger als die Fruchtknoten. Blütenstand locker, schraubig. Alle Perianthblätter röhrig zusammenneigend mit oft zurückgebogenen Spitzen; Lippe 6–7 mm lang, etwas länger als die Sepalen, mit nach oben gebogenen Rändern; Blüten gelblich-weiß, duftend.
Weit, aber sehr lückenhaft verbreitet in West-, Mittel- und Südeuropa, in Nordafrika und der Türkei. Wächst in feuchten Wiesen und Mooren bis 1400 m Höhe. Blütezeit Juni bis August.

Amerikanische Drehwurz *Spiranthes romanzoffiana* (Text S. 140)

Spiranthes spiralis

Spiranthes aestivalis

Spiranthes sinensis

Spiranthes romanzoffiana

Spiranthes sinensis

Spiranthes spiralis *Spiranthes aestivalis* *Spiranthes romanzoffiana*

Amerikanische Drehwurz *Spiranthes romanzoffiana*
12–25 cm hoch. Blätter 5–8, lineal-lanzettlich; Tragblätter länger als die Fruchtknoten. Blütenstand dicht, vielblütig, aus 3 schraubigen Reihen bestehend. Alle Perianthblätter röhrig zusammenneigend, in der unteren Hälfte miteinander verwachsen, Helm vorn nach oben gebogen, Lippe etwa 12 mm lang, im vorderen Teil scharf nach unten geschlagen; Blüten gelblich-weiß bis rahmgelb.
Hauptverbreitung in Nordamerika; in Europa beschränkt auf Irland, Westschottland und Südwestengland. An sauren, moorigen Standorten und Seeufern. Blütezeit Juli bis August.

Nestwurz *Neottia*

Ausdauernd, 20–40 cm hoch, Pflanze gelblich-braun. Rhizom kräftig, Wurzeln fleischig, dicht vogelnestartig stehend. Stengel mit braunen, scheidigen Schuppen; Tragblätter etwas kürzer als die Fruchtknoten. Blütenstand eine lockere bis mäßig dichte Traube. Obere Perianthblätter zusammenneigend und einen offenen Helm bildend; Lippe an der Spitze geteilt; Sporn fehlt. Säule lang gestreckt.
Die Gattung ist mit knapp 10 Arten in der temperaten und submeridionalen Zone Eurasiens verbreitet.

Nestwurz, Vogel-Nestwurz *Neottia nidus-avis*
Eine parasitische Orchidee, die auf Pilzen des Waldbodens schmarotzt. Flächig entwickelte, grüne Blätter fehlen, doch ist Chlorophyll in geringen Mengen vorhanden. Blüten gelblich-braun, nach Honig duftend, Lippe tief zweilappig mit nach außen gebogenen Zipfeln. Die Pflanzen blühen manchmal unterirdisch und setzen dann die Samen nach Selbstbestäubung an.
In Europa mit Ausnahme des hohen Nordens, im Süden in den Gebirgen, ferner selten in Nordafrika, in Südwestasien und vereinzelt bis Mittelasien. Wächst in der Streu von schattigen Wäldern, meist im Laubwald. Blütezeit Mai bis Juli.

Zweiblatt *Listera*

Ausdauernd, 5–60 cm hoch. Pflanze mit kurzem Rhizom, ohne Knollen. 1 Paar von fast gegenständigen Blättern am Stengel; Tragblätter häutig, viel kürzer als die Fruchtknoten. Blütenstand eine lockere Traube. Obere Perianthblätter spreizend bis zusammenneigend; Lippe schmal, mit 2 langen Zipfeln und zuweilen einem sehr kurzen Zahn dazwischen; Sporn fehlt. Säule kurz.
Die Gattung ist mit etwa 30 Arten in Eurasien und Nordamerika verbreitet, 2 davon auch in Europa.

Großes Zweiblatt *Listera ovata*
20–60 cm hoch. Blätter ziemlich tief am Stengel stehend, breit eiförmig-elliptisch, 5–20 cm lang. Blütenstand vielblütig. Die oberen Perianthblätter zusammenneigend, 4–5 mm lang; Lippe 7–15 mm lang, mit abgerundeten Zipfeln; Blüten grün oder gelblich-grün, manchmal rotbraun überlaufen.
Verbreitet in fast ganz Europa, sowie in Südwest- und Mittelasien; fehlt im engeren Mediterrangebiet. Von Meereshöhe bis 2000 m ansteigend, in Laub- und Nadelwäldern und auf Wiesen; wenig anspruchsvoll bezüglich der Standorte. Blütezeit Mai bis Juli.

Kleines Zweiblatt *Listera cordata*
5–20 cm hoch. Blätter etwa in der Mitte des Stengels stehend, dreieckig-herzförmig, 1–3 cm lang. Blütenstand relativ armblütig. Obere Perianthblätter mehr oder weniger spreizend, 2–2,5 mm lang; Lippe 3,5–4,5 mm lang, mit zugespitzten Zipfeln; Blüten rötlich-grün bis rotbraun.
Zirkumpolar verbreitet, in Eurasien und Nordamerika von der submeridionalen bis zur arktischen Zone, im Süden in kühleren Berglagen. Wächst in Nadelwäldern, Heiden und Mooren auf sauren Böden. Blütezeit Juni bis Anfang September.

Neottia nidus-avis

Listera cordata

Listera ovata

Dingel *Limodorum*

Ausdauernd, 30–80 cm hoch, Pflanze mehr oder weniger violett gefärbt. Rhizom kurz, mit dicken Wurzeln. Stengel kräftig, mit zahlreichen scheidigen Schuppenblättern; grüne Laubblätter fehlen; Tragblätter länger als die Fruchtknoten. Blütenstand locker, 4- bis 20-blütig. Perianthblätter spreizend; Lippe ungeteilt; Sporn vorhanden. Säule lang.
Die Gattung umfaßt nur 1 Art und ist in Eurasien verbreitet.

Dingel *Limodorum abortivum*
Eine auf Pilzen parasitierende Orchidee ohne grüne Blätter. Perianthblätter 1,5–2 cm lang; Lippe nahe dem Grund eingeschnürt und zweigliedrig, vorderer Teil elliptisch, bis 9 mm breit, mit nach oben gebogenen Rändern; Sporn nach unten gebogen, fast so lang wie der Fruchtknoten; Blüten violett, selten rot.
Mediterran und submediterran verbreitet, von Nordafrika und Portugal bis zum Libanon und Kaukasus und Nordostiran. Nordwärts bis Belgien, Süddeutschland und Polen. Wächst auf Kalkböden in Misch- und Nadelwäldern, Gebüsch und trockenen Rasen, bis 1500 m ansteigend. Blütezeit April bis Juli.
Nah verwandt ist *L. trabutianum*. Ihr Artrecht wird vielfach bezweifelt, viele Fachleute halten sie für eine unbedeutende Variante der *L. abortivum*. Die Art unterscheidet sich durch die anders geformte Lippe und den fehlenden oder sehr kurzen, bis 1,5 mm langen Sporn; Lippe linealisch-spatelig, bis 5 mm breit, ohne Einschnürung gegen den Grund. Mediterran-atlantisch verbreitet, aber noch ungenügend bekannt; bisher in Nordafrika, Portugal und auf Pantelleria (Sizilien) gefunden.

Widerbart *Epipogium*

Ausdauernd, 5–20 cm hoch. Rhizom verzweigt, von korallenartigem Aussehen, mit horizontalen Ausläufern. Stengel gelblich bis rötlich, am Grund angeschwollen, mit scheidigen Schuppen, ohne grüne Laubblätter; Tragblätter etwa so lang wie die Fruchtknoten. Blütenstand locker, 1- bis 5-blütig. Sepalen und seitliche Petalen schräg abstehend, linealisch; Lippe dreilappig; Sporn vorhanden. Säule kurz.
Die Gattung ist mit wenigen Arten in Eurasien, Australien und Afrika verbreitet, nach Europa reicht nur 1 Art.

Widerbart, Ohnblatt *Epipogium aphyllum*
Eine bleiche, auf Pilzen parasitierende Orchidee. Stengel mit 2–5 bräunlichen Schuppenblättern. Blüten an kurzen Stielen hängend; Fruchtknoten nicht gedreht, Lippe daher in der Blüte oben stehend; Sepalen linealisch, seitliche Petalen lanzettlich, alle nach unten abstehend; Lippe dreilappig mit kurzen, abgerundeten Seitenlappen, Mittellappen eiförmig bis dreieckig, mit Papillen, nach oben weisend; Sporn dick und leicht gebogen, an der Spitze abgerundet, nach oben weisend; Blüten gelblich- oder rötlich-weiß mit violetter Zeichnung, Lippe weiß oder rosa mit violetten Flecken.
In der submeridionalen, temperaten und borealen Zone Eurasiens von Westeuropa bis Japan, nirgends häufig. Fehlt in Europa im äußersten Norden und Süden. Wächst in der Streu von Laub- und Nadelwäldern. Blütezeit Juli bis August. Blüht oft unregelmäßig und treibt nicht jedes Jahr Blütenstände. Kann wie die Nestwurz unterirdisch blühen.

Limodorum abortivum

Epipogium aphyllum

Waldvögelein *Cephalanthera*

Ausdauernd, 15–100 cm hoch. Rhizom kurz, verzweigt. Blätter am Stengel verteilt. Blütenstand eine lockere bis relativ dichte Ähre mit großen aufrechten Blüten. Perianthblätter zusammenneigend, Blüten nicht weit geöffnet; Lippe in der Mitte eingeschnürt, der basale Teil (das Hypochil) konkav, fast aufrecht, der vordere Teil (das Epichil) dreieckig bis herzförmig mit mehreren Längsleisten, nach unten geschlagen oder zurückgebogen; Sporn kurz oder fehlend. Säule aufrecht, lang. Die nahverwandte Gattung *Epipactis* hat deutlich gestielte, horizontale bis hängende Blüten.

Zur Gattung gehören etwa 15 Arten in Eurasien, besonders in Ostasien, im nordwestlichen Nordamerika und in Nordafrika.

Weißes Waldvögelein *Cephalanthera damasonium*

15–60 cm hoch. Stengel kantig, am Grund mit 2–3 braunen, scheidigen Schuppenblättern; Laubblätter länglich-eiförmig bis lanzettlich; die unteren Tragblätter laubblattartig, die oberen fast so lang wie die Fruchtknoten. Blütenstand locker, 3- bis 12-blütig. Blüten kaum geöffnet; obere Perianthblätter 15–20 mm lang, stumpf; Lippe kürzer, mit 3–5 orangegelben Längsleisten auf dem Epichil; Sporn fehlt; Blüten weiß bis cremefarben mit einem orangegelben Mal am Grund des Hypochils.

Weit verbreitet in West-, Mittel- und Südeuropa und Südwestasien, nordwärts bis England und Südschweden reichend. Wächst in Wäldern, besonders in Buchenwäldern, auch in buschigen Rasen. Blütezeit Mai bis Juli.

Abweichend aussehende Pflanzen, die aber vielleicht in den Variationsbereich der Art fallen, wurden als *C. caucasica* aus dem Talysch-Gebirge beschrieben. Sie besitzen etwas kürzere Tragblätter und größere, schmälere Stengelblätter.

Langblättriges Waldvögelein *Cephalanthera longifolia*

15–60 cm hoch. Stengel oben kantig, am Grund mit 2–4 weißlichen oder grünlichen scheidigen Schuppenblättern; Stengelblätter lanzettlich bis linealisch, aufrecht; nur das unterste Tragblatt länger als der Fruchtknoten, die obersten viel kürzer als die Fruchtknoten. Blütenstand mäßig dicht bis locker, 10- bis 20-blütig. Blüten etwas weiter geöffnet als bei *C. damasonium;* obere Perianthblätter 10–16 mm lang, die Sepalen spitz; Lippe herzförmig, Hypochil mit kleinem, orangegelbem Mal, Epichil mit 5–7 Längsleisten; Blüten weiß; Sporn fehlt.

Weitverbreitet in fast ganz Europa mit Ausnahme des extremen Nordens und Nordostens; in Südwestasien von der Türkei und dem Libanon bis zum Kaukasus und nach Persien. An schattigen Stellen, in Wäldern, Gebüschen und Macchien, seltener in Rasen. Blütezeit April bis Anfang Juli.

Cephalanthera damasonium

Cephalanthera longifolia

Rotes Waldvögelein *Cephalanthera rubra*
20–60 cm hoch. Stengel gestreift, oben drüsenhaarig, am Grund mit wenigen bräunlichen, scheidigen Schuppenblättern. Blätter 5–8, lanzettlich bis lineal-lanzettlich; untere Tragblätter so lang wie die Blüten, obere so lang wie die behaarten Fruchtknoten. Blütenstand locker, 3- bis 10-blütig. Blüten weiter geöffnet als bei den anderen Arten; Sepalen 17–25 mm lang, etwas spitz; Epichil zugespitzt; Sporn angedeutet oder fehlend; Blüten hellrot bis rotlila, Epichil mit 7–9 gelben Längsleisten.
In fast ganz Europa, nordwärts bis Südengland und Südfinnland, in Nordafrika, durch Kleinasien bis zum Kaukasus. In Wäldern und Gebüschen von Meereshöhe bis 2600 m ansteigend, vorwiegend auf Kalkböden. Blütezeit Mai bis Anfang August.

Gespornles Waldvögelein *Cephalanthera epipactoides*
30–100 cm hoch, oft mehrere (bis 10) Stengel aus einem Rhizom. Untere Stengelblätter tütenförmig eingerollt, obere oft flach und schräg abstehend, lanzettlich und spitz, oder alle Blätter tütenförmig; Tragblätter so lang wie oder länger als die Fruchtknoten. Blütenstand mehr oder weniger dicht, 10- bis 40-blütig, schon in der unteren Stengelhälfte beginnend. Blüten glockenförmig, Sepalen 25–36 mm lang; Hypochil mit gestutzten seitlichen Lappen, Epichil dreieckig, mit 7–9 Längsleisten; Sporn 3–5 mm lang; Blüten weiß.
Verbreitet in Kleinasien, westwärts bis zur Nord- und Ostägäis, ostwärts bis Zilizien und Lasistan. In Nadelwäldern und in Gebüsch. Blütezeit Ende März bis Anfang Juni.

Kurdisches Waldvögelein *Cephalanthera kurdica*
25–80 cm hoch. Untere Stengelblätter tütenförmig eingerollt, obere flächig, breit lanzettlich, abstehend; Tragblätter so lang wie oder etwas kürzer als die Blüten. Blüten in Größe und Form ähnlich denen von *C. epipactoides*, aber rot gefärbt und etwas mehr vom Stengel abspreizend.
Verbreitet in der östlichen Türkei, im nördlichen Syrien und im Iran.

Kretisches Waldvögelein *Cephalanthera cucullata*
15–30 cm hoch. Stengel am Grund mit etwa 4 weißlichen, scheidigen Schuppenblättern; Stengelblätter länglich-lanzettlich, spitz, tütenförmig eingerollt; untere Tragblätter viel länger, obere etwas länger als die Blüten. Blütenstand mäßig dicht, 7- bis 24-blütig. Blüten glockenförmig; Sepalen 14–20 mm lang, spitz; Hypochil mit rundlichen Seitenlappen, Epichil herzförmig, mit 3–6 Längsleisten; Sporn konisch, 1–2 mm lang; Blüten weiß oder blaßrosa.
Endemisch auf Kreta, wächst in Bergwäldern und Gebüschen des Ida-Gebirges. Blütezeit März bis Juni.

Die 3 zuletzt beschriebenen Arten, *C. cucullata, C. epipactoides* und *C. kurdica*, sind nah miteinander verwandt und werden vielfach nur als Unterarten einer Art angesehen. Alle besitzen gespornte Blüten und am Stengelgrund tütenförmig eingerollte Blätter. Eine vierte Sippe dieses Formenkreises, die noch wenig bekannt ist, wurde aus der Nordosttürkei und dem Kaukasus beschrieben (*C. floribunda*); sie besitzt papillös behaarte Fruchtknoten und Lippen sowie gelblichweiße oder rote Blüten.

Cephalanthera cucullata

Cephalanthera rubra

Cephalanthera epipactoides

Cephalanthera kurdica

Stendelwurz *Epipactis*

Ausdauernd, 15–100 cm hoch. Rhizom kurz, verzweigt, mit dicken Wurzeln. Stengel beblättert. Blütenstand eine mäßig dichte bis lockere Traube mit horizontalen oder hängenden Blüten. Obere Perianthblätter spreizend bis zusammenneigend, dann einen lockeren Helm bildend; Lippe durch eine Einschnürung zweigeteilt, der basale Teil (das Hypochil) schüsselförmig, der vordere Teil (das Epichil) verbreitert, herzförmig, dreieckig oder rundlich, nach unten weisend; Sporn fehlt.
Die voll ausgebildete Säule, wie sie sich bei mehreren Arten findet, ist an der Spitze mit einem Klinandrium (Pollenschüssel), in dem die Pollinien liegen, und einem kugeligen Rostellum (Klebdrüsen) versehen. Beide Strukturen dienen der Fremdbestäubung. In der Gattung kommt es zu einer fortschreitenden Reduktion von Klinandrium und Rostellum, wodurch die Selbstbestäubung mehr und mehr gefördert wird. Bei einigen Arten kommen beide Bestäubungstypen nebeneinander vor, andere (z. B. *E. muelleri*) sind völlig selbstbestäubend.
Die Gattung umfaßt etwa 20 Arten und ist zirkumpolar in Eurasien und Nordamerika verbreitet. Die Gattung ist taxonomisch schwierig, wohl als Folge der Selbstbestäubung, eine Reihe von Problemen müssen noch geklärt werden.

Sumpf-Stendelwurz, Sumpfwurz *Epipactis palustris*
20–70 cm hoch. Rhizom mit Ausläufern. Blätter 4–8, länglich-lanzettlich; die unteren Tragblätter länger, die oberen kürzer als die Fruchtknoten. Traube locker, 7- bis 14-blütig. Obere Perianthblätter schräg spreizend; Lippe 10–12 mm lang; Hypochil leicht konkav, mit aufrechten, dreieckigen Seitenlappen; Epichil mit einem schmalen Verbindungsstück ansitzend und beweglich, eiförmig, so lang wie breit, mit gewelltem Rand; Rostellum vorhanden; Sepalen außen grünlich-grau, innen rötlich, seitliche Petalen und Hypochil weißlich mit rotbraunen Streifen, Epichil weiß.
Verbreitet in weiten Teilen Europas, fehlt im Norden und gebietsweise im Mittelmeergebiet; im Osten in der temperaten Zone bis Mittelasien, ferner in Kleinasien, im Kaukasus und den umgebenden Bergländern. Wächst in Sumpfwiesen, feuchten Dünensenken und Mooren, normalerweise in Trupps, von Meereshöhe bis 1600 m ansteigend. Blütezeit Juni bis August.

Germerblättrige Stendelwurz *Epipactis veratrifolia*
50–100 cm hoch. Blätter 8–12, lanzettlich, zugespitzt, bis 20 cm lang; die unteren Tragblätter viel länger als, die oberen etwa so lang wie die Blüten. Traube locker, 15- bis 30-blütig, Blüten horizontal bis nickend. Obere Perianthblätter spreizend, eiförmig-dreieckig; Hypochil schmal, aufwärts gebogen, am Grund mit nach oben gerichteten Lappen und aufgebogenen Rändern; Epichil mit schmalem Zwischenstück ansitzend und beweglich, spitz dreieckig, in der Mitte mit Schwiele; Blüten tief weinrot und grünlich-weiß gescheckt, Epichil weiß mit rotem Querband.
Eine seltene Orchidee von der Ostmediterraneis bis zum Himalaya; westlichste Fundorte auf Zypern, im Libanon, der Südosttürkei und im Kaukasus. In Quellfluren und auf feuchten Wiesen in mittleren Gebirgslagen. Blütezeit Juni bis August.

Epipactis veratrifolia

Epipactis palustris

Breitblättrige Stendelwurz *Epipactis helleborine*
35–80 cm hoch. Stengel am Grund violett überlaufen. Blätter 4–10, schraubig am Stengel angeordnet, breit eiförmig bis breit elliptisch, steif abstehend; die unteren Tragblätter länger als die Blüten, die oberen kürzer. Traube dicht und vielblütig, Blüten horizontal bis nickend. Blütenstandsachse und junge Fruchtknoten behaart. Obere Perianthblätter schräg spreizend; Sepalen 10–13 mm lang, breit eiförmig, zugespitzt; Lippe mit schüsselförmigem Hypochil; Epichil herz-eiförmig mit zurückgebogener Spitze, am Grund 2 Höcker; Blüten grünlich, die oberen Perianthblätter auf der Innenseite rosa bis purpurn überlaufen, Hypochil außen grün, innen rötlich- bis grünlich-braun, Epichil rosa bis purpurn. Rostellum gut entwickelt.
Verbreitet in fast ganz Europa, ostwärts bis zum Kaukasus, ferner in Kleinasien und Nordafrika; von Meereshöhe bis 2000 m ansteigend. Wächst an lichten und schattigen Stellen in Laub- und Nadelwäldern und Gebüsch. Blütezeit Juni bis September, je nach geographischer Breite und Höhenlage.

Zypern-Stendelwurz *Epipactis troodii*
15–45 cm hoch. Blätter 3–5, schraubig am Stengel angeordnet, breit lanzettlich, unterseits oft purpurn überlaufen; Tragblätter länger als die Fruchtknoten. Traube locker, 5- bis 10-blütig, Blüten nickend. Obere Perianthblätter schräg spreizend, 12 mm lang; Epichil dreieckkig, mit kleinen Höckern; Sepalen grün, seitliche Petalen und Hypochil olivgrün, Epichil rötlich. Rostellum bei jungen Blüten vorhanden, daher wahrscheinlich Fremdbestäubung möglich.
Endemisch auf Zypern im Troodosgebirge, zwischen 1200 und 2000 m Höhe. Wächst in Nadelwäldern. Blütezeit Juni bis Juli.

Epipactis troodii

Epipactis helleborine

Violette Stendelwurz *Epipactis purpurata*
20–70 cm hoch, normalerweise in Trupps wachsend. Stengel dick und steif aufrecht, dunkelgrün-violett, oben behaart. Blätter 6–10, schraubig am Stengel angeordnet, eiförmig-lanzettlich, graugrün und purpurn überlaufen; Tragblätter länger als die Blüten. Traube dicht, vielblütig, Blüten horizontal bis etwas nickend. Perianthblätter in Größe, Stellung und Form wie bei *E. helleborine*; Sepalen außen grün, innen weißlich, seitliche Petalen rosa bis weißlich, Hypochil außen grünlich, innen violett gesprenkelt, Epichil weißlich. Rostellum gut entwickelt. Verbreitet in Nordwest- und Mitteleuropa, nach Südosten bis Bulgarien reichend. In schattigen, frischen Laubmischwäldern oft auf lehmigen Böden, geringer Kalkbedarf. Blütezeit August, später als *E. helleborine*.

Müllers Stendelwurz *Epipactis muelleri*
25–70 cm hoch. Blätter 7–10, schraubig am Stengel angeordnet, lanzettlich, spitz, meist zurückgebogen und am Rand gewellt, dunkel- bis gelblich-graugrün; untere Tragblätter länger als die Blüten. Traube locker, 7- bis 30-blütig, einseitswendig, Blütenstandsachse behaart, Blüten nickend bis hängend. Obere Perianthblätter glockig zusammenneigend, 8–10 mm lang; Hypochil schüsselförmig, Epichil herzförmig, breiter als lang, mit kurzer, zurückgeschlagener Spitze, am Grund 2 kleine Höcker; Klinandrium und Rostellum fast oder ganz fehlend; Blüten weißlich-gelb bis gelblich-grün, Lippe weißlich, Hypochil innen tiefrot.
Verbreitet in West- und Mitteleuropa, ostwärts bis Jugoslawien. In lichten Wäldern und buschigen Rasen auf Kalk. Blütezeit Juli bis August.

Dichtblütige Stendelwurz *Epipactis condensata*
30–75 cm hoch, kräftig. Blätter eiförmig bis breit lanzettlich, tütenförmig, kaum länger als 6 cm, gelbgrün, manchmal rötlich überlaufen. Traube dicht, mit dicht bräunlich behaarter Achse, Blüten horizontal. Obere Perianthblätter schräg spreizend, breit, etwa 11 mm lang; Hypochil schüsselförmig, Epichil herzförmig, breiter als lang; Rostellum vorhanden; Sepalen grün, seitliche Petalen grünlich-rosa bis gelblich, Hypochil innen schwarzpurpurn, Epichil grünlich mit 2 großen, runzeligen roten Höckern.
Verbreitet in der Türkei, auf Zypern und im Libanon. In montanen Nadelwäldern. Blütezeit Juni bis August.

Epipactis condensata

Epipactis purpurata

Epipactis muelleri

Grüne Stendelwurz *Epipactis phyllanthes*
20–60 cm hoch. Blätter 3–6, rundlich bis breit lanzettlich, zweizeilig am Stengel angeordnet; untere Tragblätter länger, obere kürzer als die Blüten. Traube locker, 12- bis 30-blütig, Blüten hängend, Blütenstandsachse kahl oder fast kahl. Obere Perianthblätter stark zusammenneigend und Blüten kaum geöffnet; Sepalen 8–10 mm lang; Hypochil flach schüsselförmig, Epichil eiförmig, meist länger als breit, zuweilen vom Hypochil nicht deutlich abgesetzt; Blüten grün, Epichil grünlich-weiß bis blaßrosa, Hypochil innen rosa oder grün. Rostellum fehlt, daher Selbstbestäubung.
Verbreitet im atlantischen und subatlantischen Europa, in Küstennähe von Südfrankreich bis Dänemark und Südschweden. Vor allem in feuchten Senken von Dünen, auch in lichten Wäldern, Gebüschen und an Waldrändern. Blütezeit Juni bis Anfang September.
Eine variable Art, besonders bezüglich der Ausgestaltung der Lippe, bei der das Auftreten lokaler Varianten durch die Selbstbestäubung begünstigt wird. Einige der Varianten wurden als eigene Arten beschrieben, z. B. etwas kleinere Pflanzen mit schmäleren, lanzettlichen Blättern aus Südskandinavien unter dem Namen *E. confusa*.

Pontische Stendelwurz *Epipactis pontica*
15–40 cm hoch, schlank. Blätter 3–6, schmal lanzettlich, am Stengel zweizeilig angeordnet; untere Tragblätter länger, obere kürzer als die Blüten. Traube locker, 7- bis 15-blütig, mit behaarter Achse, Blüten hängend. Obere Perianthblätter zusammenneigend, breit glockig; Hypochil schüsselförmig, Epichil breiter als lang, ohne Spitze, querelliptisch, kürzer als das Hypochil; Blüten grün, Epichil weißlich mit 2 gelblich-grünen Höckern am Grund. Rostellum vorhanden, aber nicht wirksam, Blüten daher selbstbestäubend.
In der Nordtürkei im Pontischen Gebirge verbreitet. Wächst in Buchenwäldern mittlerer Gebirgslagen über Kalk. Blütezeit Juli bis September.

Epipactis pontica

Epipactis phyllanthes

»*confusa*«

Persische Stendelwurz *Epipactis persica*
10–50 cm hoch. Blätter 3–4, eiförmig bis breit lanzettlich; untere Tragblätter länger, manchmal viel länger, obere kürzer als die Blüten. Traube locker, 5- bis 12-blütig, Blütenstandsachse kahl bis schwach behaart, Blüten horizontal bis nickend. Obere Perianthblätter schräg spreizend, Sepalen etwa 9 mm lang; Hypochil schüsselförmig, Epichil dreieckig; Blüten grün bis weißlich, manchmal etwas rötlich überlaufen, Epichil heller. Rostellum vorhanden, aber nicht wirksam, Blüten daher selbstbestäubend.
Verbreitet von der Westtürkei bis Afghanistan. In Nadel- und Laubwäldern der mittleren Gebirgslagen. Blütezeit Mai bis August.

Schmallippige Stendelwurz *Epipactis leptochila*
30–70 cm hoch. Blätter 5–10, schlaff und oft etwas hängend, eiförmig bis lanzettlich; untere Tragblätter oft laubblattartig, viel länger als die Blüten, obere schlanker und kürzer. Traube locker, 7- bis 25-blütig, mit behaarter Achse, Blüten nickend. Obere Perianthblätter schräg spreizend, Sepalen 12–15 mm lang, selten kürzer; Hypochil schüsselförmig, Epichil dreieckig bis eiförmig, so lang wie oder länger als breit, mit vorgestreckter oder zurückgeschlagener Spitze, am Grund sind Höcker kaum entwickelt; Blüten grünlich mit helleren Petalen, Hypochil innen rötlich, Epichil gelblichgrün und weiß berandet oder ganz grün. Rostellum nur in der Knospe vorhanden, in der offenen Blüte fehlend. Die Art ist selbstbestäubend; vergleiche die Bemerkung zu *E. phyllanthes*.
Verbreitet in Nordwest- und Mitteleuropa. Auf Kalkböden in schattigen Wäldern, besonders in Buchenwäldern. Blütezeit Juli bis Anfang August.

Dünen-Stendelwurz *Epipactis dunensis*
20–40 cm hoch. Blätter 7–10, breit lanzettlich, gelblich-grün, zweizeilig am Stengel angeordnet; untere Tragblätter länger, obere kürzer als die Blüten. Traube locker, 7- bis 20-blütig, Blütenstandachse behaart, Blüten mehr oder weniger horizontal. Obere Perianthblätter schräg abstehend bis etwas zusammenneigend, Sepalen etwa 7 mm lang; Hypochil schüsselförmig, Epichil dreieckig, oft mit zurückgebogener Spitze; Blüten blaßgrün, Hypochil innen rot gesprenkelt, Epichil weißlich, grünlich oder rötlich überlaufen. Säule mit Klinandrium, Rostellum fehlt.
Nur in Nordengland und Wales vorkommend. Wächst in Dünensenken und küstennahen Nadelwäldern. Blütezeit Juni und Juli.

Epipactis persica

Epipactis leptochila

Epipactis dunensis

Braunrote Stendelwurz, Strandvanille *Epipactis atrorubens*
20–60 cm hoch. Blätter 5–10, eiförmig bis breit lanzettlich, wenigstens auf der Unterseite rötlich überlaufen, zweizeilig am Stengel angeordnet; untere Tragblätter etwa so lang wie die Blüten, obere kürzer. Traube ziemlich locker, vielblütig, die Achse behaart, Blüten horizontal bis nickend, Fruchtknoten dicht behaart. Obere Perianthblätter schräg spreizend, eiförmig; Lippe 5,5–6,5 mm lang; Epichil breiter als lang, mit zurückgebogener Spitze, am Grund mit 2 runzeligen Höckern; Rostellum vorhanden; Blüte purpurn bis rotbraun oder ziegelrot (selten); Blüten nach Vanille duftend.
Verbreitet in fast ganz Europa sowie seltener in Südwest- und Mittelasien; von Meereshöhe bis etwa 2200 m ansteigend, fehlt im engeren Mediterrangebiet. Wächst in lichten Wäldern, Gebüschen, trockenen Rasen und Dünen auf basischen Böden. Blütezeit Mai bis August.
Aus der Ungarischen Tiefebene wurde eine var. *borbasii* beschrieben, die sehr breite und kurze Blätter besitzt. Eine weitere Sippe aus den Bergen Südspaniens, die subsp. *parviflora*, besitzt rundere Blätter und sehr kleine, hellerfarbige Blüten.

Kleinblättrige Stendelwurz *Epipactis microphylla*
15–45 cm hoch. Blätter 3–6, eiförmig bis lanzettlich, auffallend klein, schraubig am Stengel angeordnet; untere Tragblätter länger als die Fruchtknoten, obere kürzer. Traube locker, 4- bis 15-blütig, die Achse behaart, Blüten horizontal bis nickend. Fruchtknoten dicht behaart. Obere Perianthblätter schräg spreizend, elliptisch-eiförmig; Lippe etwa 7 mm lang; Epichil rundlich, mit gekerbt-gewelltem Rand, am Grund 2 runzelige Höcker; Perianthblätter außen grünlich, innen weißlich-grün, Epichil weißlich bis blaßrosa. Rostellum vorhanden, doch ist Selbstbestäubung häufig.
Verbreitet in Süd- und Zentraleuropa, Kleinasien und im Kaukasus. Meist in Buchenwäldern, seltener auch in Nadelwäldern, auf Kalkböden. Blütezeit Mai bis August.

Epipactis atrorubens

Epipactis microphylla

Schlüssel zur Gattung *Cypripedium*

1	Lippe gelb	***C. calceolus*** (S. 24)
–	Lippe rot oder weiß	**2**
2	Blüten violett bis purpurn	***C. macranthum*** (S. 26)
–	Blüten weiß und meist mit roten Tupfen	***C. guttatum*** (S. 28)

Schlüssel zur Gattung *Ophrys*

1 Säule am Vorderende abgerundet **2**
– Säule am Vorderende zugespitzt **11**
2 Seitliche Petalen weiß, gelb oder grün **3**
– Seitliche Petalen rot oder braun, manchmal zweifarbig und am Grund rot, an der Spitze grün **7**
3 Rand der Lippe flach oder nach oben gebogen ***O. lutea*** (S. 56)
– Rand der Lippe nach unten gebogen **4**
4 Sepalen grünlich- oder rötlich-weiß; Lippe 7–10 mm lang ***O. pallida*** (S. 58)
– Sepalen gelblich oder grün; Lippe länger als 13 mm **5**
5 Lippe am Grund mit einem Längsspalt ***O. fusca*** (S. 54)
– Lippe am Grund ohne Längsspalt **6**
6 Seitenlappen der Lippe deutlich kürzer als der Mittellappen; Speculum vorn durch eine ω-förmige weiße Linie begrenzt ***O. omegaifera*** (S. 54)
– Seitenlappen der Lippe wenig kürzer als der Mittellappen; Speculum vorn nicht durch eine weiße Linie begrenzt ***O. atlantica*** (S. 56)
7 Lippe ungeteilt oder selten schwach dreilappig; Sepalen weißlich, rosa oder rot ***O. tenthredinifera*** (S. 42)
– Lippe dreilappig; Sepalen grün oder gelblich **8**
8 Seitenlappen der Lippe stark nach unten gebogen, die Lippe daher kugelig-gewölbt aussehend ***O. bombyliflora*** (S. 46)
– Seitenlappen der Lippe nicht oder wenig nach unten gebogen, Lippe daher flach oder etwas gewölbt **9**
9 Seitliche Petalen fadenförmig ***O. insectifera*** (S. 58)
– Seitliche Petalen breiter, eiförmig bis lanzettlich **10**
10 Speculum glänzend und blau; Rand der Lippe mit zottigen braunen Haaren besetzt; seitliche Petalen meist weniger als halb so lang wie die Sepalen ***O. speculum*** (S. 58)
– Speculum matt, oder glänzend und braun; Rand der Lippe samthaarig; seitliche Petalen mehr als zwei Drittel so lang wie die Sepalen **5**
11 Am Grund der Lippe zu beiden Seiten je ein Höcker entwickelt **12**
– Am Grund der Lippe keine Höcker entwickelt **24**
12 Sepalen grün, manchmal zum Teil rötlich überlaufen **13**
– Sepalen weiß, rosa oder rot **19**
13 Lippe ungeteilt **14**
– Lippe dreilappig **15**
14 Seitliche Petalen kahl, meist deutlich mehr als halb so lang wie die Sepalen; Anhängsel an der Spitze der Lippe fehlend oder klein ***O. sphegodes*** (S. 48–54)

- Seitliche Petalen behaart, bis etwa halb so lang wie die Sepalen, meist deutlich kürzer; Anhängsel an der Spitze der Lippe kräftig, oft dreizähnig
  O. fuciflora (S. 38–42)
15 Seitliche Petalen kahl *O. sphegodes* (S. 48–54)
- Seitliche Petalen behaart **16**
16 Höcker sehr kräftig entwickelt, höher als 3 mm *O. carmeli* (S. 34)
- Höcker weniger kräftig entwickelt **17**
17 Seitenlappen der Lippe ausgebreitet, fast rechtwinkelig horizontal abstehend
  O. cretica (S. 30)
- Seitenlappen der Lippe nach unten gebogen und schräg nach vorne gerichtet **18**
18 Speculum groß, meist H-förmig *O. kotschyi* (S. 30)
- Speculum klein, hufeisen- oder halbmondförmig oder als 2 Flecken oder Streifen ausgebildet *O. reynholdii* (S. 32)
19 Lippe ungeteilt **14**
- Lippe dreilappig **20**
20 Anhängsel der Lippe lang, nach unten zurückgeschlagen *O. apifera* (S. 44)
- Anhängsel der Lippe kurz, nach oben oder unten gebogen, aber nicht zurückgeschlagen **21**
21 Höcker am Grund der Seitenlappen sehr kräftig, mindestens 2 mm lang, oft viel länger und hornförmig *O. scolopax* (S. 34–36)
- Höcker klein, kürzer als 2 mm **22**
22 Seitenlappen der Lippe ausgebreitet, fast rechtwinklig horizontal abstehend
  O. cretica (S. 30)
- Seitenlappen der Lippe nach unten gebogen und schräg nach vorn gerichtet **23**
23 Seitliche Petalen etwa halb so lang wie die Sepalen; Speculum hufeisen- oder halbmondförmig oder als 2 Flecken oder Streifen ausgebildet, weiß oder blaßviolett und weiß berandet *O. reynholdii* (S. 32)
- Seitliche Petalen zwei Drittel bis fast so lang wie die Sepalen; Speculum halbmondförmig, dunkelbläulich *O. lunulata* (S. 34)
24 Lippe ungeteilt **25**
- Lippe dreilappig **30**
25 Lippe sattelförmig, im vorderen Teil nach oben gebogen *O. bertolonii* (S. 46)
- Lippe nicht sattelförmig, flach oder gewölbt **26**
26 Seitliche Petalen behaart **27**
- Seitliche Petalen kahl **29**
27 Speculum den Grund der Lippe umfassend; seitliche Petalen sehr klein, etwa ein Fünftel so lang wie die Sepalen *O. fuciflora* (S. 38–42)
- Speculum vom Grund der Lippe abgesetzt; seitliche Petalen etwa halb so lang wie die Sepalen **28**
28 Lippe am Grund mit weißen Haaren; Speculum lila bis blau *O. argolica* (S. 32)
- Lippe ohne weiße Haare; Speculum bräunlich (-lila) *O. fuciflora* (S. 38–42)
29 Speculum H-förmig oder schildförmig, den Grund der Lippe erreichend
  O. sphegodes (S. 48–54)
- Speculum hufeisenförmig oder in der Form 2 paralleler Streifen, vom Grund der Lippe deutlich abgesetzt *O. ferrum-equinum* (S. 46)
30 Seitliche Petalen sehr kurz, bis 2 mm lang; Seitenlappen der Lippe nach oben stehend *O. schulzei* (S. 34)
- Seitliche Petalen länger; Seitenlappen der Lippe horizontal oder nach unten gebogen **31**

31 Seitliche Petalen schmal, linealisch; die Unterkanten der seitlichen Sepalen einen rechten Winkel bildend **O. kurdica** (S. 30)
- Seitliche Petalen breiter; die Unterkanten der seitlichen Sepalen eine Gerade oder einen stumpfen Winkel bildend **32**
32 Lippe sattelförmig, im vorderen Teil nach oben gebogen **O. bertolonii** (S. 46)
- Lippe nicht sattelförmig, flach oder gewölbt **33**
33 Seitenlappen der Lippe ausgebreitet, fast rechtwinklig horizontal abstehend
 O. cretica (S. 30)
- Seitenlappen der Lippe nach unten gebogen und schräg nach vorn gerichtet **34**
34 Speculum halbmondförmig; Lippe in der Aufsicht schmalländlich (Seitenlappen und seitliche Ränder des Mittellappens stark herabgeschlagen)
 O. lunulata (S. 34)
- Speculum von verschiedener Form, nur selten angenähert halbmondförmig; Lippe in der Aufsicht rundlich **35**
35 Seitliche Petalen kahl **29**
- Seitliche Petalen behaart **O. argolica** (S.32)

Schlüssel zur Gattung *Serapias*

1 Mittellappen der Lippe (Epichil) schmäler als der basale Teil (Hypochil) **2**
- Epichil herzförmig bis breit lanzettlich, so breit wie das Hypochil **5**
2 Tragblätter deutlich länger als die Blüten **S. vomeracea** (S. 60)
- Tragblätter höchstens so lang wie die Blüten **3**
3 Lippe am Grund mit 1 Schwiele **S. lingua** (S. 66)
- Lippe am Grund mit 2 Schwielen **4**
4 Lippe tief dunkelrot, dicht behaart; Blütenstand 2- bis 4-(5-)blütig
 S. olbia (S. 66)
- Lippe braunrot, auch heller, wenig behaart; Blütenstand 4- bis 12-blütig
 S. parviflora (S. 64)
5 Hypochil kurz, aus dem Helm nicht hervorragend; Blattscheiden braunrot geflecht **S. cordigera** (S. 64)
- Hypochil lang, aus dem Helm hervorragend; Blattscheiden (meist) ungefleckt **6**
6 Epichil nach vorn oder nach unten weisend **S. neglecta** (S. 62)
 Epichil zurückgekrümmt **S. orientalis** (S. 60)

Schlüssel zur Gattung *Himantoglossum*

1 Seitenlappen der Lippe 5–15 mm lang; Mittellappen verlängert, 2,5–10 cm lang **H. hircinum** (S. 68–72)
- Seitenlappen der Lippe sehr kurz, bis 5 mm lang; Mittellappen kürzer, 1,5–4 cm lang **2**
2 Sporn 9–10 mm lang **H. formosum** (S. 76)
- Sporn 3–6 mm lang **H. affine** (S. 74)

Schlüssel zur Gattung *Orchis*

1 Blüten mit geschlossenem Helm (Helm von den zusammenneigenden Sepalen und seitlichen Petalen gebildet, deren Ränder sich überlappen oder sich berühren) **2**
- Blüten ohne geschlossenen Helm (wenigstens die seitlichen Sepalen spreizen von den anderen oberen Perianthblättern ab, oder alle Perianthblätter spreizend) **15**

2 Sporn horizontal oder nach oben weisend; Lippe so breit wie oder etwas breiter als lang **3**
- Sporn nach unten weisend; Lippe länger als breit **4**

3 Sporn so lang wie oder etwas länger als die Lippe *O. morio* (S. 92)
- Sporn viel länger als die Lippe *O. longicornu* (S. 94)

4 Mittellappen der Lippe ungeteilt **5**
- Mittellappen der Lippe tief ausgerandet, zweizipfelig **7**

5 Mittellappen der Lippe fächerförmig, vorn viel breiter als am keilig verschmälerten Grund, größer als die Seitenlappen *O. lactea* (S. 84)
- Mittellappen länglich, vorn nicht verbreitert, kleiner als die Seitenlappen **6**

6 Lippe rot gepunktet, die seitlichen Lappen nicht oder kaum gezähnt
O. coriophora (S. 82)
- Lippe nicht gepunktet, einheitlich rot, die seitlichen Lappen grob gezähnt
O. sancta (S. 82)

7 Tragblätter etwas kürzer als oder so lang wie die Fruchtknoten; Mittellappen ohne scharfe Spitze zwischen den Zipfeln **8**
- Tragblätter viel kürzer als die Fruchtknoten; Mittellappen mit scharfer, zahnartiger Spitze zwischen den Zipfeln **10**

8 Sepalen 3–3,5 mm lang; Ähre eiförmig bis zylindrisch; Sporn ein Viertel bis halb so lang wie der Fruchtknoten *O. ustulata* (S. 84)
- Sepalen 6–12 mm lang; Ähre konisch bis eiförmig; Sporn mindestens halb so lang wie der Fruchtknoten **9**

9 Stengel 15–45 cm hoch; Grundfarbe der Blüten blaßviolett; Mittellappen der Lippe eingeschnitten, deutlich zweizipfelig *O. tridentata* (S. 84)
- Stengel 7–20 cm hoch; Grundfarbe der Blüten weißlich- oder grünlich-rosa; Mittellappen der Lippe undeutlich zweizipfelig *O. lactea* (S. 84)

10 Zipfel des Mittellappens der Lippe lang und schmal **11**
- Zipfel des Mittellappens der Lippe eiförmig oder länglich **12**

11 Lippe am Grund mit 2 dreieckigen Leisten, Seitenlappen der Lippe und Zipfel des Mittellappens spitz; Blätter am Rand gewellt *O. italica* (S. 90)
- Lippe ohne Leisten, Seitenlappen der Lippe und Zipfel des Mittellappens stumpf; Blätter am Rand glatt *O. simia* (S. 90)

12 Perianthblätter bräunlich-purpurn *O. purpurea* (S. 88)
- Perianthblätter rosa oder gelblich-grün **13**

13 Sporn schmal zylindrisch, halb so lang wie der Fruchtknoten; Helm weißlich oder blaßrosa; Grundfarbe der Lippe rosa *O. militaris* (S. 88)
- Sporn breit zylindrisch, ein Viertel bis halb so lang wie der Fruchtknoten; Helm und Lippe gelblich-grün **14**

14	Blüten am Grund der Ähre sich zuerst öffnend	***O. punctulata*** (S. 86)
–	Blüten an der Spitze der Ähre sich zuerst öffnend	***O. galilaea*** (S. 86)
15	Blätter schmal, lineal-lanzettlich, gegen den Grund am breitesten, locker am Stengel verteilt	**16**
–	Blätter breiter, länglich-lanzettlich bis eiförmig, gegen die Mitte am breitesten, am Grund des Stengels oder etwas darüber zusammengedrängt	**17**
16	Lippe dreilappig, Mittellappen kürzer als die Seitenlappen	***O. laxiflora*** (S. 104)
–	Lippe dreilappig, Mittellappen länger als oder so lang wie die Seitenlappen; oder Lippe ungeteilt bis zweilappig	***O. palustris*** (S. 104)
17	Sporn horizontal oder nach unten weisend	**18**
–	Sporn nach oben weisend oder nach oben gebogen	**24**
18	Lippe ungeteilt	**19**
–	Lippe dreilappig	**20**
19	Sporn dick, sackförmig, gerade; seitliche Sepalen zurückgeschlagen	***O. collina*** (S. 96)
–	Sporn schlank, zylindrisch, gebogen; seitliche Sepalen nach vorn gebogen	***O. papilionacea*** (S. 94)
20	Sporn dünn, fädig	**21**
–	Sporn dick, zylindrisch oder sackförmig	**22**
21	Blüten am Grund der Ähre sich zuerst öffnend; Sepalen aufrecht, spreizend	***O. quadripunctata*** (S. 98)
–	Blüten an der Spitze der Ähre sich zuerst öffnend; Sepalen nach vorn gebogen	***O. boryi*** (S. 98)
22	Sporn zylindrisch; Lippe am Grund mit 2 deutlichen Leisten; Ähre eiförmig oder kurz zylindrisch	***O. spitzelii*** (S. 96)
–	Sporn sackförmig; Lippe am Grund ohne deutliche Leisten; Ähre lang zylindrisch	**23**
23	Grundfarbe der Blüten weißlich bis blaßrosa; Innenseite der seitlichen Sepalen ohne rote Punkte	***O. canariensis*** (S. 98)
–	Grundfarbe der Blüten rosa bis hellrot; Innenseite der seitlichen Sepalen mit roten Punkten	***O. patens*** (S. 96)
24	Blüten rosa bis purpurn	**25**
–	Blüten gelb	**26**
25	Sporn dünn, linealisch-konisch, vom Grund zur Spitze allmählich verschmälert	***O. anatolica*** (S. 98)
–	Sporn zylindrisch, gegen das Ende etwas verdickt	***O. mascula*** (S. 100)
26	Sporn etwas kürzer als der Fruchtknoten; Lippe ohne Punkte oder Flecken	***O. pallens*** (S. 102)
–	Sporn mindestens so lang wie der Fruchtknoten; Lippe mit Punkten oder Flecken	**27**
27	Blüten groß mit 13–15 mm langen Lippen; Lippe mit kleinen braunen Punkten; Blütenstand locker, 3- bis 7-blütig; Blätter meist ungefleckt	***O. pauciflora*** (S. 102)
–	Blüten klein mit 8–12 mm langen Lippen; Lippe mit größeren roten Flecken; Blütenstand dicht, 7- bis 20-blütig; Blätter gefleckt	***O. provincialis*** (S. 102)

Schlüssel zur Gattung *Dactylorhiza*

Viele der Arten und Unterarten sind sehr formenreich. Die Merkmale überlappen sich daher vielfach, was die Anfertigung eines Schlüssels schwer macht. Nicht jede Einzelpflanze mit einer stark vom Mittel abweichenden Merkmalskombination wird sich daher bestimmen lassen. Gerade für diese Gattung ist es notwendig, beim Bestimmen mehrere Pflanzen zu untersuchen. Vorsicht auch bei Mischpopulationen verschiedener Arten! Bastarde sind nicht selten, lassen sich aber am Standort meist sicher erkennen.

1	Alle oberen Perianthblätter helmförmig zusammenneigend	*D. iberica* (S. 108)
–	Die seitlichen Sepalen aufrecht, spreizend oder zurückgebogen	2
2	Blüten gelb oder rot mit gelb	3
–	Blüten rot oder weiß	6
3	Blätter am Grund des Stengels rosettig gehäuft	*D. romana* (S. 108)
–	Blätter am Stengel verteilt	4
4	Sporn horizontal abstehend	*D. insularis* (S. 108)
–	Sporn nach unten weisend	5
5	Blätter breit lanzettlich; Lippe mit roter Zeichnung	*D. sambucina* (S. 108)
–	Blätter länglich lanzettlich; Lippe nicht gezeichnet	*D. incarnata* (S. 110)
6	Sporn nach oben weisend	*D. romana* (S. 108)
–	Sporn horizontal oder nach unten weisend	7
7	Laubblätter im unteren Teil des Stengels gehäuft, unterhalb des Blütenstandes mehrere Hochblätter; Stengel markig oder engröhrig	–
–	Laubblätter am Stengel verteilt, unterhalb des Blütenstandes keine oder nur 1–2 Hochblätter; Stengel hohl	11
8	Sporn sackförmig oder breit zylindrisch, dicker als 3 mm; Tragblätter länger als die Blüten	9
–	Sporn schmal zylindrisch, dünner als 3 mm; Tragblätter kürzer als die Blüten	10
9	Tragblätter gefleckt; Mittellappen der Lippe deutlich kleiner als die breiten Seitenlappen	*D. triphylla* (S. 120)
–	Tragblätter nicht gefleckt; Mittellappen der Lippe meist groß und etwa so breit wie die Seitenlappen	*D. saccifera* (S. 118)
10	Lippe tief dreilappig, Mittellappen groß und länger als die zugespitzten Seitenlappen	*D. fuchsii* (S. 120)
–	Lippe schwach dreilappig, Mittellappen klein und kaum länger als die breiten abgerundeten Seitenlappen	*D. maculata* (S. 120)
11	Blätter auf beiden Seiten gefleckt	12
–	Blätter nur auf der Oberseite gefleckt oder ungefleckt	13
12	Blätter meist 5; Blütenstand dicht, reichblütig, über 4,5 cm lang	*D. cruenta* (S. 110)
–	Blätter meist 3; Blütenstand relativ locker, armblütig, kürzer als 4,5 cm	*D. lapponica* (S. 120)
13	Blätter ungefleckt	14
–	Blätter gefleckt	22
14	Blüten klein, alle Perianthblätter 5–7 mm lang	15
–	Blüten größer, alle Perianthblätter länger als 8 mm	16
15	Blätter länglich lanzettlich, am Grund am breitesten	*D. incarnata* (S. 110)
–	Blätter (breit) lanzettlich, gegen die Mitte am breitesten	*D. purpurella* (S. 114)

16 Lippe ohne oder nur mit undeutlicher, verwaschener Zeichnung
 D. foliosa (S. 118)
– Lippe mit deutlicher, dunkler Zeichnung **17**
17 Blätter lineal-lanzettlich, meist schmäler als 1,5 cm, wenig zahlreich (2–5)
 D. traunsteineri (S. 116)
– Blätter länglich-lanzettlich bis eiförmig-elliptisch, meist breiter als 1,5 cm, zahlreich (mehr als 5; selten weniger, dann aber breit) **18**
18 Lippe mit zahlreichen kleinen Punkten gezeichnet; Blütenfarbe rosa bis blaßpurpurn *D. praetermissa* (S. 114)
– Lippe mit schleifenförmig angeordneten Strichen und Punkten gezeichnet; Blütenfarbe meist kräftig rot (-violett) **19**
19 Lippe ungeteilt bis schwach dreilappig **20**
– Lippe deutlich dreilappig **21**
20 Sporn bis halb so lang wie der Fruchtknoten *D. cilicica* (S. 116)
– Sporn länger bis etwas kürzer (selten viel kürzer) als der Fruchtknoten
 D. elata (S. 112)
21 Blüten mittelgroß, Lippe bis 9 mm lang und 12 mm breit; Sporn kürzer als 10 mm *D. majalis* (S. 112)
– Blüten groß, Lippe über 10 mm lang und 12 mm breit; Sporn länger als 10 mm *D. elata* (S. 112)
22 Blätter breit lanzettlich bis eiförmig, höchstens viermal länger als breit **23**
– Blätter lanzettlich bis lineal-lanzettlich, mindestens viermal länger als breit **25**
23 Lippe deutlich dreilappig; Sporn konisch-zylindrisch *D. majalis* (S. 112)
– Lippe ungeteilt bis schwach dreilappig; Sporn sackförmig **24**
24 Lippe kahl *D. cordigera* (S. 116)
– Lippe papillös behaart *D. cataonica* (S. 118)
25 Stengel mit 2–4 (–5) Blättern; Blütenstand relativ locker, armblütig (meist weniger als 15 Blüten) **26**
– Stengel mit mehr als 5 Blättern; Blütenstand dicht, reichblütig **28**
26 Blätter am Grund oder im unteren Drittel am breitesten, gegen die Spitze allmählich verschmälert *D. traunsteineri* (S. 116)
– Blätter in oder über der Mitte am breitesten, gegen beide Enden verschmälert
 27
27 Blätter 1,5–2 cm breit; Lippe länger als breit, mit langem Mittellappen
 D. pseudocordigera (S. 114)
– Blätter etwa 1 cm breit; Lippe so breit wie oder breiter als lang, mit kurzem Mittellappen oder fast ungeteilt *D. lapponica* (S. 120)
28 Lippe mit zahlreichen kleinen Punkten gezeichnet; Blütenfarbe rosa bis blaßpurpurn *D. praetermissa* (S. 114)
– Lippe mit schleifenförmig angeordneten Strichen und Punkten gezeichnet; Blütenfarbe meist kräftig rot (-violett) **29**
29 Blüten klein, alle Perianthblätter 5–7 mm lang *D. purpurella* (S. 114)
– Blüten größer, alle Perianthblätter länger als 8 mm **30**
30 Blätter am Grund oder im unteren Drittel am breitesten, gegen die Spitze allmählich verschmälert *D. traunsteineri* (S. 116)
– Blätter in oder über der Mitte am breitesten, gegen beide Enden verschmälert
 21

Baltisches Knabenkraut *Dactylorhiza baltica*
Ähnlich *D. majalis.* Hochwüchsig, 30–70 cm; Blätter 5–7, lanzettlich, auffallend lang (bis 25 cm), schwach gefleckt; Blütenstand dicht- und reichblütig; Lippe dreilappig, viel breiter als lang; Sporn deutlich kürzer als der Fruchtknoten; Blüten trübpurpurn.
In Europa im Baltikum westwärts bis Mecklenburg, nordwärts bis Südfinnland; außerdem in Westsibirien. Wächst in nassen Wiesen, oft am Strand. Blütezeit Mai bis Juli, später als *D. majalis*

Torf-Knabenkraut *Dactylorhiza sphagnicola*
Ähnlich *D. praetermissa.* 20–50 cm hoch; Blätter 3–6, lineal-lanzettlich, ungefleckt; Blütenstand dichtblütig; Lippe schwach dreilappig, rosa, mit zahlreichen kleinen Punkten gezeichnet.
In West- und Norddeutschland verbreitet. Wächst in Hochmooren. Blütezeit Juni bis Juli. Die systematische Stellung der Art ist umstritten. Manche Autoren halten die Pflanzen für Bastarde (*incarnata* × *maculata* × *majalis*). Möglicherweise sind sie nur schmalblättrige Moorformen der *D. praetermissa,* wie sie bei anderen Arten ebenfalls auftreten.

Russower Knabenkraut *Dactylorhiza russowii*
Ähnlich *D. traunsteineri.* Pflanzen kräftiger, 15–30 cm hoch; Blätter 4–6, gefleckt; Blütenstand dicht; Lippe dreilappig, flach; Sporn wenig kürzer als der Fruchtknoten; Blüten hellrot.
Von Norddeutschland durch das Baltikum ostwärts verbreitet; die Ostgrenze ist unsicher. Wächst in Kalkflachmooren. Blütezeit Juni bis Juli.

Persisches Knabenkraut *Dactylorhiza umbrosa*
Verwandt mit *D. cilicica.* 10–60 cm hoch; Blätter 5–9, breit lanzettlich bis eiförmig, meist gefaltet, ungefleckt; Blütenstand dicht; Lippe ungeteilt, an der Spitze oft zungenförmig verlängert, länger als breit; Sporn stark nach unten oder einwärts gebogen, etwa so lang wie der Fruchtknoten; Blüten meist dunkelviolett, seltener heller, dunkel gezeichnet.
Verbreitet von türkisch Armenien an ostwärts bis Zentralasien. Wächst in feuchten Wiesen und Weiden, steigt im Gebirge bis über 3000 m an. Blütezeit Ende Mai bis Juli.

Osmanisches Knabenkraut *Dactylorhiza osmanica*
Verwandt mit *D. cilicica.* 30–70 cm hoch; Blätter 5–6, breit lanzettlich bis eiförmig, mit oder ohne Flecken; Blütenstand dicht; Blüten sehr groß, Lippe bis 16 mm lang und 23 mm breit, dreilappig oder selten ungeteilt; Sporn etwas kürzer als der Fruchtknoten, gerade, dick-zylindrisch; Blüten dunkelpurpurn.
Verbreitet in der Nordwesttürkei. Wächst auf nassen Wiesen. Blütezeit Juni bis August.

Schlüssel zur Gattung *Platanthera*

1 Stengel mit 1 Laubblatt	***P. obtusata*** subsp. ***oligantha***	(S. 130)
– Stengel mit 2 oder mehr Laubblättern		**2**
2 Sporn länger als der Fruchtknoten		**3**
– Sporn kürzer als der Fruchtknoten		**5**
3 Pollenfächer parallel	***P. bifolia***	(S. 128)
– Pollenfächer schräg zueinander stehend		**4**
4 Blüten weiß oder gelblich-weiß	***P. chlorantha***	(S. 128)
– Blüten grünlich-gelb	***P. algeriensis***	(S. 130)
5 Stengel mit 2 Laubblättern	***P. micrantha***	(S. 128)
– Stengel mit 3–5 Laubblättern	***P. hyperborea***	(S. 130)

Schlüssel zur Gattung *Cephalanthera*

1	Sporn vorhanden	2
–	Sporn fehlt	4
2	Sporn 1–2 mm lang; Sepalen 14–20 mm lang	*C. cucullata* (S. 146)
–	Sporn 3–5 mm lang; Sepalen länger als 25 mm	3
3	Blüten weiß	*C. epipactoides* (S. 146)
–	Blüten rot	*C. kurdica* (S. 146)

[Pflanzen mit behaarten Fruchtknoten und weißen oder roten Blüten vgl. bei *C. floribunda* (S. 146)]

4	Blüten rot; Stengel und Fruchtknoten behaart	*C. rubra* (S. 146)
–	Blüten weiß; Stengel und Fruchtknoten kahl	5
5	Stengelblätter lanzettlich bis linealisch; Tragblätter außer dem untersten kürzer als die Fruchtknoten; Sepalen spitz	*C. longifolia* (S. 144)
–	Stengelblätter länglich-eiförmig bis lanzettlich; Tragblätter außer den obersten länger als die Fruchtknoten; Sepalen stumpf	*C. damasonium* (S. 144)

Schlüssel zur Gattung *Epipactis*

1	Hypochil mit 2 aufrechten seitlichen Lappen; Epichil mit schmalem Verbindungsstück ansitzend und beweglich	2
–	Hypochil ohne aufrechte seitliche Lappen; Epichil breit ansitzend und nicht beweglich	3
2	Epichil weiß, eiförmig, mit gewelltem Rand	*E. palustris* (S. 148)
–	Epichil weiß mit rotem Querband, spitz dreieckig, Rand nicht gewellt	*E. veratrifolia* (S. 148)
3	Perianthblätter zusammenneigend	4
–	Perianthblätter spreizend	6
4	Perianthblätter stark zusammenneigend, Blüten fast geschlossen, hängend; Blütenstandsachse kahl oder kaum behaart	*E. phyllanthes* (S. 154)
–	Perianthblätter etwas zusammenneigend, Blüten halboffen, glockig, stark nickend; Blütenstandsachse behaart	5
5	Rostellum vorhanden; 3–5 zweizeilig angeordnete Laubblätter; Epichil mit 2 grünen Warzen am Grund	*E. pontica* (S. 154)
–	Rostellum fehlt; 7–10 meist schraubig angeordnete Laubblätter; Epichil ohne Warzen	*E. muelleri* (S. 152)
6	Blätter sehr klein, 2–4 cm lang	*E. microphylla* (S. 158)
–	Blätter größer	7
7	Blütenstandsachse kahl oder wenig behaart	8
–	Blütenstandsachse ± dicht behaart	9
8	Sepalen etwa 12 mm lang; Epichil rötlich; Blätter schraubig angeordnet	*E. troodii* (S. 150)
–	Sepalen etwa 9 mm lang; Epichil weißlich; Blätter zweizeilig angeordnet	*E. persica* (S. 156)
9	Blüten einfarbig dunkel- bis hellrot	*E. atrorubens* (S. 158)
–	Blüten grünlich, manchmal rot überlaufen, dann aber nicht alle Perianthblätter gleichfarbig	10
10	Rostellum fehlt	11
–	Rostellum vorhanden	13

11 Epichil schmal, mindestens so lang wie breit   ***E. leptochila*** (S. 156)
- Epichil herzförmig-dreieckig, breiter als lang   **12**

12 Säule meist ohne Klinandrium; Blüten nickend bis hängend ***E. muelleri*** (S. 152)
- Säule mit Klinandrium; Blüten ± horizontal   ***E. dunensis*** (S. 156)

13 Blätter groß, breit eiförmig bis breit elliptisch, die größten länger als 2 Internodien   ***E. helleborine*** (S. 150)
- Blätter klein bis mittelgroß, eiförmig bis lanzettlich, nicht länger als 2 Internodien   **14**

14 Stengel und Blätter dunkel- bis graugrün und meist violett überlaufen; Epichil weißlich   ***E. purpurata*** (S. 152)
- Stengel und Blätter grün, nur der Stengel am Grund und die Blätter unterseits violett überlaufen; Epichil grün, mit 2 roten Höckern am Grund
    E. condensata (S. 152)

Register

Deutsche Namen

Bartorchis 106
Dingel 142
Drehwurz 138
  Amerikanische 138
  Chinesische 138
  Herbst- 138
  Sommer- 138
Einblattorchis 136
Einknolle 132
Fratzenorchis 66
Frauenschuh 24
  Gesprenkelter 28
  Großblütiger 26
Glanzkraut 134
Grünstendel 132
Händelwurz 124
  Mücken- 124
  Wohlriechende 124
Höswurz 126
Hohlzunge 126
Kanarenstendel 132
Kappenorchis 106
Kapuzenorchis 126
Keuschorchis 80
Knabenkraut 82, 108
  Affen- 90
  Anatolisches 98
  Armblütiges 102
  Atlas- 96
  Balkan- 116
  Baltisches 167
  Bleiches 102
  Blutrotes 110
  Brand- 84
  Breitblättriges 112
  Dreizähniges 84
  Fleischfarbenes 110
  Französisches 102
  Fuchs'sches 120
  Galiläisches 86
  Geflecktes 120
  Heiliges 82
  Helm- 88
  Hohes 112
  Holunder- 108
  Iberisches 108
  Insel- 108
  Italienisches 90
  Kanaren- 98
  Kaukasisches 118
  Kleines 92
  Kretisches 98
  Kuckucks- 100
  Langsporniges 94
  Lanzen- 120
  Lappland- 120
  Lockerblütiges 104
  Madeira- 118
  Milchweißes 84
  Osmanisches 167
  Persisches 167
  Punktiertes 86
  Purpur- 88
  Purpurnblütiges 114
  Römisches 108
  Russower 167
  Sacksporniges 96
  Salep- 92
  Schmetterlings- 94
  Schopfiges 118
  Skandinavisches 114
  Spitzels 96
  Stattliches 100
  Steifblättriges 110
  Sumpf- 104
  Torf- 167
  Traunsteiners 116
  Übersehenes 114
  Vierpunkt- 98
  Wanzen- 82
  Zilizisches 116
Kohlröschen 122
  Rotes 122
  Schwarzes 122
Korallenwurz 134
Kuckucksblume 128
Kugelorchis 122
Mastorchis 78
Mooswurz 136
Nestwurz 140
  Vogel- 140
Netzblatt 136
  Großblättriges 136
  Kriechendes 136
Norne 134
Ohnblatt 142
Ohnhorn 66
Puppenorchis 66
Pyramidenorchis 80
Ragwurz 30
  Argolische 32
  Atlas- 56
  Attische 34
  Bertolonis 46
  Bienen- 44
  Blasse 58
  Braune 54
  Bremsen- 46
  Fliegen- 58
  Gehörnte 34, 36
  Gelbe 56
  Hufeisen- 46
  Hummel- 38, 40, 42
  Kretische 30
  Kurdische 30
  Luristanische 34
  Mond- 34
  Omega- 54
  Reynholds 32
  Spiegel- 58
  Spinnen- 48, 50, 52, 54
  Wespen- 42
  Zypern- 30
Riemenzunge 68
  Bocks- 68
  Gesporne Bocks- 72
  Kaukasische 76
  Orientalische 74
  Südöstliche Bocks- 70
Stendelwurz 148
  Braunrote 158
  Breitblättrige 150
  Dichtblütige 152
  Dünen- 156
  Germerblättrige 148

Grüne 154
Kleinblättrige 158
Müllers 152
Persische 156
Pontische 154
Schmallippige 156
Sumpf- 148
Violette 152
Zypern- 150
Strandvanille 158
Sumpfwurz 148
Waldhyazinthe 128
 Algerische 130
 Azoren- 128
 Grünliche 128
Isländische 130
Wenigblütige 130
Zweiblättrige 128
Waldvögelein 144
 Gespornstes 146
 Kretisches 146
 Kurdisches 146
 Langblättriges 144
 Rotes 146
 Weißes 144
Weichwurz 136
Weißzüngel 126
 Balkan- 126
Wendelähre 138
Wendelorchis 138
Widerbart 142
Zungenstendel 60
 Côte-d'Azur- 66
 Einschwieliger 66
 Herzförmiger 64
 Kleinblütiger 64
 Langlippiger 60
 Orientalischer 60
 Übersehener 62
Zweiblatt 140
 Großes 140
 Kleines 140
Zwergorchis 122

Botanische Namen

Die Namen der Synonyme und Varianten sind *kursiv* gesetzt.

Aceras (Pers.) R. Br. 66
anthropophorum (L.) Aiton fil. 66
Achroanthes Rafin. = Malaxis
Anacamptis L. C. Rich. 80
pyramidalis (L.) L. C. Rich. 80
 var. *brachystachys* Boiss. 80
 var. *tanayensis* Chenev. 80
Barlia Parl. 78
longibracteata (Biv.) Parl. = robertiana
robertiana (Lois.) Greuter 78
Calypso Salisb. 134
borealis Salisb. = bulbosa
bulbosa (L.) Oakes 134
Cephalanthera L. C. Rich. 144
alba (Crantz) Simonkai = damasonium
caucasica Kränzlin 144
cucullata Boiss. & Heldr. 146
damasonium (Miller) Druce 144
ensifolia (Swartz) L. C. Rich.
 = longifolia
epipactoides Fischer & Meyer 146
floribunda Woronow 146
grandiflora (Scop.) S. F. Gray = damasonium
kurdica Bornm. 146
longifolia (L.) Fritsch 144

pallens (Swartz) L. C. Rich. = damasonium
rubra (L.) L. C. Rich. 146
xiphophyllum (Ehrh.) Reichenb. = longifolia
Chamorchis L. C. Rich. 122
alpina (L.) L. C. Rich. 122
Coeloglossum Hartman 126
diphyllum (Link) Fiori & Paol.
 → Gennaria
viride (L.) Hartman 126
Comperia C. Koch 106
comperiana (Steven) Asch. & Graebner 106
taurica C. Koch = comperiana
Corallorhiza Châtel. 134
innata R. Br. = trifida
trifida Châtel. 134
Cypripedium L. 24
calceolus L. 24
 var. *flavum* Rion 24
guttatum Swartz 28
 var. *redowskii* Reichenb. fil. 28
macranthum Swartz 26
 var. *ventricosum* (Swartz) Reichenb. fil. 26

171

Dactylorchis Verm. = Dactylorhiza
Dactylorhiza (Necker) Nevski 108
*alpestris** Pugsley → majalis
*angustifolia** Reichenb., non Bieb.
  = traunsteineri
baltica (Klinge) Orlova 167
*bosniaca** Beck = cordigera
cataonica (Fleischm.) Holub 118
*caucasica** (Klinge) Soó = cataonica
cilicica (Klinge) Soó 116
cordigera (Fr.) Soó 116
  subsp. *siculorum* (Soó) Soó 116
cruenta (O. F. Müller) Soó 110
durandii (Boiss. & Reuter) Lainz = elata
elata (Poiret) Soó 112
  subsp. *anatolica* Nelson = cilicica
  subsp. *brennensis* Nelson = elata
*ericetorum** (Linton) Marshall
  = maculata
*euxina** Nevski = caucasica
flavescens (C. Koch) Nevski = romana
  subsp. georgica
foliosa (Verm.) Soó 118
*francis-drucei** Wilmott 116
fuchsii (Druce) Soó 120
  subsp. *hebridensis* (Wilmott) Soó 120
  subsp. *okellyi* (Druce) Soó 120
  subsp. *psychrophila* (Schlechter)
    Holub 120
  subsp. *sooiana* Borsos 120
*georgica** Klinge → romana
iberica (Bieb.) Soó 108
incarnata (L.) Soó 110
  subsp. coccinea (Pugsley) Soó 110
  subsp. ochroleuca (Boll) Hunt
    & Summ. 110
insularis (Martelli) Landw. 108
*kerryensis** Wilmott → majalis
*lancibracteata** C. Koch = triphylla
lapponica (Hartman) Soó 120
*latifolia** L. = majalis
*macrostachys** Tineo = saccifera
maculata (L.) Soó 120
  subsp. *elodes* (Griseb.) Soó 120
  subsp. *ericetorum* (Linton) Hunt
    & Summ. = maculata
  subsp. *macrostachys* (Tineo) Soó = saccifera
  subsp. *schurii* (Klinge) Soó 120
  subsp. *transsilvanica* (Schur) Soó 120
*maderensis** Summ. = foliosa
majalis (Reichenb.) Hunt & Summ. 112
  subsp. *alpestris* (Pugsley) Senghas 112
  subsp. *brevifolia* (Bisse) Senghas 112
  subsp. *cambrensis* (Roberts) Roberts
    = subsp. kerryensis
  subsp. kerryensis (Wilmott)
    Senghas 112
    var. *occidentalis** Pugsley = subsp. kerryensis
*mediterranea** Klinge, non Guss.
  = romana
*munbyana** Boiss. & Reuter = elata
*occidentalis** (Pugsley) Wilmott → majalis
*olocheilos** (Boiss.) Soó = cilicica
osmanica (Klinge) Soó 167
*pardalina** Pugsley = praetermissa
persica (Schlechter) Soó = umbrosa
praetermissa (Druce) Soó 114
  subsp. *junialis* (Verm.) Soó = praetermissa
pseudocordigera (Neuman) Soó 114
purpurella (T. & T. A. Steph.) Soó 114
romana (Seb.) Soó 108
  subsp. *bartonii* Huxley & Hunt = insularis
  subsp. georgica (Klinge) Soó 108
  subsp. romana 108
  subsp. siciliensis (Klinge) Soó 108
russowii (Klinge) Holub 167
saccifera (Brongn.) Soó 118
sambucina (L.) Soó 108
  subsp. *insularis* (Martelli) Soó = insularis
sesquipedalis (Willd.) Lainz = elata
*siciliensis** Klinge → romana
sphagnicola (Höppner) Soó 167
*strictifolia** Opiz = incarnata
sulphurea* Link = romana
*transsilvanica** Schur → maculata
traunsteineri (Sauter) Soó 116
  subsp. *curvifolia* (Nyl.) Soó 116
  subsp. *pycnantha* (Neuman) Soó
    = traunsteineri
*traunsteinerioides** (Pugsley) Pugsley 116
triphylla (C. Koch) Nevski 120
*turkestanica** Klinge = umbrosa
umbrosa (Kar. & Kir.) Nevski 167
vanensis Nelson = umbrosa
Epipactis Zinn 148

* Ein Teil der zur Gattung *Dactylorhiza* gehörigen Namen ist bisher nur unter *Orchis* kombiniert.

atrorubens (Hoffm.) Schultes 158
 var. *borbasii* (Soó) Soó 158
 subsp. *parviflora* A. & Ch. Nieschalk 158
cleistogama C. Thomas = leptochila
condensata Young 152
confusa Young 154
dunensis (T. & T. A. Steph.) Godf. 156
helleborine (L.) Crantz 150
latifolia (L.) All. = helleborine
leptochila (Godf.) Godf. 156
microphylla (Ehrh.) Swartz 158
muelleri Godf. 152
palustris (L.) Crantz 148
pendula C. Thomas = phyllanthes
persica (Soó) Nannfeld 156
phyllanthes Sm. 154
pontica Taubenh. 154
purpurata Sm. 152
rubiginosa (Crantz) Koch = atrorubens
sessilifolia Peterm. = purpurata
troodii Lindb. fil. 150
vectensis (T. & T. A. Steph.) Brooke & Rose = phyllanthes
veratrifolia Boiss. & Hoh. 148
Epipogium R. Br. 142
aphyllum (F. W. Schmidt) Swartz 142
Gennaria Parl. 132
diphylla (Link) Parl. 132
Goodyera R. Br. 136
macrophylla Lowe 136
repens (L.) R. Br. 136
Gymnadenia R. Br. 124
albida (L.) L. C. Rich. → Leucorchis
conopsea (L.) R. Br. 124
 var. *alpina* Reichenb. fil. 124
 var. *densiflora* (Wahlenb.) Hartman 124
frivaldii Griseb. → Leucorchis
nigra (L.) Reichenb. fil. → Nigritella
odoratissima (L.) L. C. Rich. 124
rubra Wettst. → Nigritella
Habenaria Willd. 132
tridactylites Lindley 132
Hammarbya O. Kuntze 136
paludosa (L.) O. Kuntze 136
Helleborine Miller = Epipactis
Herminium Guett. 132
alpinum (L.) Lindley → Chamorchis
monorchis (L.) R. Br. 132
Himantoglossum Sprengel 68
affine (Boiss.) Schlechter 74
formosum (Steven) C. Koch 76

hircinum (L.) Sprengel 68
 subsp. calcaratum (Beck) Soó 72
 subsp. caprinum (Bieb.) Sunderm. 70
 subsp. hircinum 68
longibracteatum (Biv.) Schlechter → Barlia
Leucorchis E. Meyer 126
albida (L.) E. Meyer 126
 var. *subalpina* (Neuman) Hyl. 126
frivaldii (Griseb.) Schlechter 126
Limodorum Boehm. 142
abortivum (L.) Swartz 142
trabutianum Batt. 142
Liparis L. C. Rich. 134
loeselii (L.) L. C. Rich. 134
Listera R. Br. 140
cordata (L.) R. Br. 140
ovata (L.) R. Br. 140
Loroglossum L. C. Rich. = Himantoglossum
Lysiella Rydb. = Platanthera
Malaxis Swartz
monophyllos (L.) Swartz → Microstylis
paludosa (L.) Swartz → Hammarbya
Microstylis (Nuttall) Eaton 136
monophyllos (L.) Lindley 136
Neotinea Reichenb. fil. 80
intacta (Link) Reichenb. fil. = maculata
maculata (Desf.) Stearn 80
Neottia Guett. 140
nidus-avis (L.) L. C. Rich. 140
Neottianthe Schlechter 126
cucullata (L.) Schlechter 126
Nigritella L. C. Rich. 122
miniata (Crantz) Janchen 122
nigra (L.) Reichenb. 122
rubra (Wettst.) Richter = miniata
Ophrys L. 30
aesculapii Renz → sphegodes
apifera Hudson 44
 var. *bicolor* (Naegeli) Nelson 44
 var. *chlorantha* (Hegetschw.) Richter 44
 var. *friburgensis* Freyhold = subsp. jurana
 subsp. jurana W. Zimmerm. 44
 f. *trollii* (Hegetschw.) 44
arachnites (Scop.) Reichard = fuciflora
arachnitiformis Gren. & Philippe 54
aranifera Hudson = sphegodes
argolica Fleischm. 32
 subsp. *elegans* (Renz) Nelson 32
atlantica Munby 56

atrata Lindley → sphegodes
attica (Boiss. & Orph.) Soó = carmeli
benacensis (Reisigl) O. & E. Danesch
  & Ehrend. = bertoloniiformis
bertolonii Moretti 46
bertoloniiformis O. & E. Danesch 46
biscutella O. & E. Danesch = fuciflora
  subsp. *sundermannii*
bombyliflora Link 46
bornmuelleri Schulze → fuciflora
candida (Nelson) O. & E. Danesch → fuciflora
carmeli Fleischm. & Bornm. 34
catalaunica O. & E. Danesch = bertoloniiformis
cornuta Steven → scolopax
cretica (Vierh.) Nelson 30
  subsp. *karpathensis* Nelson = cretica
  subsp. *naxia* Nelson = cretica
dyris Maire = omegaifera
exaltata Ten. → fuciflora
ferrum-equinum Desf. 46
  subsp. ferrum-equinum 46
  subsp. gottfriediana (Renz) Nelson 46
fuciflora (F. W. Schmidt) Moench 38, 40, 42
  subsp. *apulica* O. & E. Danesch 40
  subsp. *bornmuelleri* (Schulze) B. & E. Willing 42
  subsp. candida Nelson 38
  subsp. *celiensis* O. & E. Danesch 40
  subsp. exaltata (Ten.) Nelson 40
  subsp. fuciflora 38
  subsp. *gracilis* Büel, O. & E. Danesch 40
  var. *lacaitae* (Lojac.) Camus 38
  subsp. oxyrrhynchos (Todaro) Soó 38
  subsp. *parvimaculata* O. & E. Danesch 40
  subsp. *pollinensis* Nelson 40
  subsp. *sundermannii* (Soó) 40
fusca Link 54
  subsp. fusca 54
  subsp. *iricolor* (Desf.) Schwarz 54
  subsp. *omegaifera* (Fleischm.) Nelson = omegaifera
garganica (Nelson) O. & E. Danesch → sphegodes
gottfriediana Renz → ferrum-equinum
holosericea (Burm. fil.) Greuter = fuciflora
insectifera L. 58
iricolor Desf. → fusca

kotschyi Fleischm. & Soó 30
kurdica D. & V. Rückbr. 30
litigiosa Camus → sphegodes
lunulata Parl. 34
luristanica Renz = schulzei
lutea (Gouan) Cav. 56
  var. *lutea* 56
  subsp. *melena* Renz 56
  var. *minor* Guss. 56
  subsp. *murbeckii* (Fleischm.) Soó 56
mammosa Desf. → sphegodes
morisii (Martelli) Cif. & Giac. = *arachnitiformis*
murbeckii Fleischm. → lutea
muscifera Hudson = insectifera
myodes Jacq. = insectifera
naxensis Rech. = reynholdii
oestrifera Bieb. → scolopax
omegaifera Fleischm. 54
oxyrrhynchos Todaro → fuciflora
pallida Rafin. 58
panormitana Todaro → sphegodes
parnassica Vierh. → sphegodes
promontorii O. & E. Danesch = bertoloniiformis
reynholdii Fleischm. 32
  subsp. *straussii* (Fleischm. & Bornm.) Nelson 32
rosea (Desf.) Grande = tenthredinifera
schulzei Fleischm. & Bornm. 34
scolopax Cav. 34, 36
  subsp. *apiformis* (Desf.) Maire & Weiller 36
  subsp. *attica* (Boiss. & Orph.) Nelson = carmeli
  subsp. cornuta (Steven) Camus 36
  subsp. heldreichii (Schlechter) Nelson 36
  subsp. oestrifera (Bieb.) Soó 36
  subsp. *orientalis* Renz 36
  subsp. scolopax 34
sintenisii Fleischm. & Bornm. → sphegodes
speculum Link 58
  subsp. *lusistanica* O. & E. Danesch 58
  var. *regis-fernandii* (Acht. & Kellerer) Soó 58
sphegodes Miller 48, 50, 52, 54
  subsp. aesculapii (Renz) Soó 50
  subsp. amanensis Nelson 50
  subsp. atrata (Lindley) E. Mayer 48
  subsp. *garganica* Nelson 50
  subsp. litigiosa (Camus) Becherer 52

subsp. mammosa (Desf.) Soó 48
subsp. *panormitana* (Todaro) Nelson 52
subsp. *parnassica* (Vierh.) Soó 50
subsp. *provincialis* Nelson 50
subsp. *sicula* Nelson 52
subsp. sintenisii (Fleischm. & Bornm.) Nelson 50
subsp. *sipontensis* Gumpr. 50
subsp. sphegodes 48
subsp. spruneri (Nyman) Nelson 52
subsp. *tommasinii* (Reichenb. fil.) Soó 52
subsp. transhyrcana (Czern.) Soó 46
spruneri Nyman → sphegodes
straussii Fleischm. & Bornm. → reynholdii
taurica (Ageenko) Nevski = sphegodes subsp. mammosa
tenthredinifera Willd. 42
tommasinii (Reichenb. fil.) Vis. → sphegodes

Orchis L. 82
siehe auch unter *Dactylorhiza*
anatolica Boiss. 98
subsp. *sitiaca* Renz = anatolica
boryi Reichenb. fil. 98
brancifortii Biv. = quadripunctata
brevicornis Viv. = patens
canariensis Lindley 98
caspia Trautv. = papilionacea
champagneuxii Barn. → morio
chlorotica Woronow 96
collina Solander 96
commutata Todaro → tridentata
cordata Willd. = Gennaria diphylla
comperiana Steven→ Comperia
coriophora L. 82
subsp. coriophora 82
subsp. fragrans (Pollini) Richter 82
subsp. *martrinii* (Timb.-Lagr.) Camus = subsp. coriophora
cyrenaica Durd. & Barr. 96
elegans Heuffel = palustris
fragrans Pollini → coriophora
galilaea (Bornm. & Schulze) Schlechter 86
globosa L. → Traunsteinera
hispanica A. & Ch. Nieschalk 100
intacta Link → Neotinea
italica Poiret 90
lactea Poiret 84
laxiflora Lam. 104
subsp. *elegans* (Heuffel) Soó = palustris

subsp. *palustris* (Jacq.) Asch. & Graebner = palustris
longibracteata Biv. → Barlia
longicornu Poiret 94
longicruris Link = italica
mascula L. 100
subsp. mascula 100
subsp. olbiensis (Greiner) Asch. & Graebner 100
subsp. *pinetorum* (Boiss. & Kotschy) Camus 100
subsp. signifera (Vest) Soó 100
subsp. *wanjkovii* (Wulff) Soó 100
maxima C. Koch = purpurea
mediterranea Guss. = palustris
militaris L. 88
morio L. 92
subsp. champagneuxii (Barn.) Camus 92
subsp. libani Renz 92
subsp. morio 92
subsp. picta (Lois.) Richter 92
olbiensis Greiner → mascula
pallens L. 102
palustris Jacq. 104
papilionacea L. 94
subsp. *bruhnsiana* (Gruner) Soó 94
patens Desf. 96
subsp. *nitidifolia* Teschner 96
pauciflora Ten. 102
picta Lois. → morio
pinetorum Boiss. & Kotschy 100
provincialis Balbis 102
subsp. *pauciflora* (Ten.) Camus = pauciflora
punctulata Lindley 86
purpurea Hudson 88
pyramidalis L. → Anacamptis
quadripunctata Cyr. 98
robusta (T. Steph.) Gölz & Reinh. = palustris
saccata Ten. = collina
sancta L. 82
satyroides Steven → Steveniella
schelkownikovii Woronow = punctulata
scopulorum Summ. 100
sepulchralis Boiss. & Heldr. = punctulata
signifera Vest. → mascula
simia Lam. 90
spitzelii C. Koch 96
steveni Reichenb. fil. 88

tridentata Scop. 84
　var. *commutata* (Todaro) Reichenb.
　fil. 84
ustulata L. 84
viridifusca Albov = spitzelii
Parapactis W. Zimmerm.
epipactoides W. Zimmerm. = Epipactis muelleri
Peramium Salisb. = Goodyera
Platanthera L. C. Rich. 128
algeriensis Batt. & Trabut 130
azorica Schlechter 128
bifolia (L.) L. C. Rich. 128
chlorantha (Custer) Reichenb. 128
hyperborea (L.) Lindley 130
micrantha (Seub.) Schlechter 128
montana (Schmidt) Boiss. = chlorantha
obtusata (Pursh) L. C. Rich.
　subsp. oligantha (Turcz.) Hultén 130
oligantha Turcz. → obtusata
parvula Schlechter → obtusata
Pseudorchis Séguier
albida (L.) Á. & D. Löve → Leucorchis
loeselii (L.) S. F. Gray → Liparis
Serapias L. 60
azorica Schlechter = cordigera
cordigera L. 64
　var. *mauretanica* (Camus) Nelson 64

elongata Tod. = lingua
lingua L. 66
neglecta De Not. 62
　subsp. *ionica* Nelson 62
olbia Verguin 66
　var. *gregaria* (Godf.) Nelson 66
orientalis Nelson 60
　subsp. *apulica* Nelson 60
　var. *cordigeroides* Nelson 60
oxyglottis Willd. = lingua
parviflora Parl. 64
　subsp. *laxiflora* Soó 64
todari Tineo = lingua
vomeracea (Burm. fil.) Briquet 60
Spiranthes L. C. Rich. 138
aestivalis (Poiret) L. C. Rich. 138
amoena (Bieb.) Sprengel = sinensis
autumnalis (Balbis) L. C. Rich. = spiralis
gemmipara Lindley = romanzoffiana
romanzoffiana Cham. 138
sinensis (Pers.) Ames 138
spiralis (L.) Chevall. 138
Steveniella Schlechter 106
satyroides (Steven) Schlechter 106
Traunsteinera Reichenb. 122
globosa (L.) Reichenb. 122
　subsp. sphaerica (Bieb.) Soó 122
Vermeulenia Á. & D. Löve = Orchis

BLV Bestimmungsbuch

Th. Schauer / C. Caspari

Pflanzenführer

Dieser BLV Pflanzenführer bietet über 1400 Pflanzenarten Deutschlands und der Nachbarländer – davon 1020 farbig abgebildet.

Bei der Pflanzenauswahl wurden alle Gruppen der Blütenpflanzen erfaßt, also auch Nadel- und Laubgehölze sowie Gräser.

Die Reihenfolge im BLV Pflanzenführer basiert auf Standorten. Innerhalb der Standorte werden alle Mitglieder gleicher Pflanzenfamilien zusammengefaßt. So ist ein vergleichendes Bestimmen möglich. Die Texte zu den Abbildungen nennen deutsche und botanische Namen, Merkmale, Blütezeit, Standort, Verbreitung und erstmals in einem Bestimmungsbuch den Gefährdungsgrad der Art auf Grund der Roten Liste für Deutschland. Der Text beschreibt über 400 weitere, nicht abgebildete Arten.

417 Seiten, 1020 Abbildungen auf 183 Farbtafeln, 202 Zeichnungen

BLV Verlagsgesellschaft München